30g/2

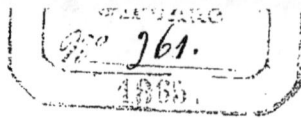

INFLUENCE

DES TRAVAUX DE BACON DE VÉRULAM ET DE DESCARTES

SUR LA

MARCHE DE L'ESPRIT HUMAIN

Par MM. Édouard CHAIGNE et Charles SEDAIL ([1]).

Analysis and method, like the discipline and armour
of modern nations, corret in some measure the irregu-
larities of controversial dexterily and level on the
intellectual field the geant and the dwarf.

JAMES MACKINSTOSCH.

Traduction.

L'analyse et la méthode, comme l'armure et la discipline chez les nations modernes, corrigent en quelque
sorte les irrégularités intellectuelles, et font combattre,
à armes égales, le géant et le nain dans le champ de
la raison.

On propose de déterminer l'influence exercée par Bacon et Descartes sur la marche de l'esprit humain : cette question est immense, elle plane sur le vaste champ des sciences; cependant nous essaierons de la traiter. Si nous avons bien saisi l'esprit qui guidait l'Académie en la proposant, le mémoire sur cette question doit renfermer un tableau rapide et sommaire de l'état des sciences avant Bacon et Descartes, un coup d'œil sur la manière dont ils conçurent qu'on devait les étudier, et les travaux qu'ils entreprirent d'après ces vues.

Une esquisse succincte de ce qu'elles sont devenues depuis

([1]) Mémoire couronné par l'Académie, le 5 juin 1828, et imprimé dans les *Actes*, conformément à la demande de M. Sedail et en vertu d'une décision rendue dans la séance du 10 mars 1864.

qu'ils ont déposé dans leur sein ces nouveaux germes de vie qui en ont changé la face, et de ce qu'on peut prévoir qu'elles deviendront en suivant la marche qu'ils ont tracée.

Enfin, un aperçu du caractère de ces nouvelles théories philosophiques qui, depuis peu, se proclament les rivales des principes établis par Bacon et Descartes, ne prétendant à rien moins qu'à la domination de l'esprit humain en s'efforçant de renverser l'observation, l'analyse et l'expérience du trône où elles règnent en souverains absolus.

Ainsi envisagée, l'étendue de cette question est effrayante : pour en esquisser les développements d'une manière supérieure, il ne faudrait pas moins que le génie des deux grands hommes dont nous allons exposer les admirables travaux; on voit s'y rattacher toutes les idées qui fermentent dans le monde intellectuel et le divisent en deux camps. L'un qui adopte pour signe de ralliement la perfectibilité indéfinie de l'espèce humaine, l'autre qui s'efforce de construire des digues contre le torrent toujours victorieux des progrès de la civilisation.

Qu'il nous soit permis d'implorer l'indulgence de nos juges en leur soumettant un travail entrepris sous l'empire de l'illusion exercée par la beauté d'un tel sujet, malgré l'insuffisance de nos forces pour soulever un si pesant fardeau.

Mais si du moins il ne nous est pas donné de peindre d'une manière grande, neuve et hardie, tous les traits de ce vaste tableau philosophique, nous porterons notre attention sur des objets plus appropriés à notre faiblesse, en tâchant de développer quelques unes de ces belles idées qui naissent en foule de la méditation des ouvrages de ces deux grands hommes, relatives au grand art de populariser les sciences et de leur donner toute l'utilité dont elles sont susceptibles, en les mettant à la portée de tous les hommes, idées qu'il est toujours bon de rappeler et dont on oublie trop facilement l'importance, car plus une science est exposée avec clarté et simplicité, plus elle abonde en bienfaits pour l'espèce humaine.

On a prétendu que les sociétés savantes, loin d'être à la tête de la civilisation, l'entravent dans sa marche. Cependant quelle n'a pas été l'utilité de leurs travaux et de leurs encouragements? N'ont-elles pas guidé les sciences, la philosophie et les belles-lettres, soit en fixant la langue par la confection d'un dictionnaire qui servit de modèle aux nations voisines, comme plus tard nos codes en serviront à presque tous les peuples, soit en proposant des sujets qui donnaient naissance à une foule de vérités nouvelles, ou à un genre d'éloquence inconnu même chez les anciens, quand ces sujets étaient traités par un illustre Génevois dont la destinée fut de répandre des flots de lumière en soutenant des hypothèses erronées ; soit quand elles trouvaient dans les cieux une mesure éternelle et immuable, soit enfin en avançant toutes les sciences humaines par les encouragements qu'elles n'ont cessé de donner au mérite.

Les Académies n'attendirent pas, mais elles précédèrent l'essor de la nation française dans la culture de toutes les sciences, et si nous osions donner de justes éloges à une Compagnie dont nous briguons les suffrages, ne pourrions-nous citer l'impulsion qu'elle donna, lorsque, présidée par l'immortel auteur de l'*Esprit des Lois*, elle s'appliquait de tout son pouvoir à propager les sciences morales, naturelles et philosophiques ; lorsque plus tard, continuant cette noble tâche, elle jeta un si vif éclat en proposant l'éloge d'un des premiers philosophes dont s'honore notre France, de ce sage, presque notre compatriote, de cet autre bon-homme enfin, dont la devise était : *Que sais-je?* quand, ensuite, elle donna naissance aux recherches de Parmentier sur la juste appréciation de ce végétal nouveau pour notre continent, et qui peut le délivrer à jamais de la disette? Cette société ne couronne-t-elle pas la marche de ses travaux utiles, en proposant la question relative à l'influence de Charlemagne et de François Ier; et celle enfin que nous essayons de traiter? Ne prouve-t-elle pas ainsi sa sollicitude pour l'avancement des sciences et la direction qu'elle veut leur donner? Car s'il est vrai que tout l'homme est dans son intelligence, cette intelligence n'est quelque chose que par la culture et la direction qu'on lui donne. N'a-t-elle pas saisi les plus pressants besoins de notre époque? En effet, quoi de plus approprié aux circonstances du moment que l'appréciation des théories des deux créateurs de la philosophie expérimentale, aujourd'hui qu'une école nouvelle tend à renverser la méthode de l'observation, pour y substituer, comme en littérature, les rêveries mystiques du Nord?

Bacon et Descartes sont comme les deux clefs qui ont ouvert au genre humain le champ des véritables découvertes. Avant eux régnait la fiction; aussi tout ce qu'elle peut produire de beau et de brillant a-t-il été fait aux époques qui précédèrent ces deux philosophes : mais ce n'était là que la jeunesse du monde; ils parurent, et chaque jour amena de nouvelles conquêtes sur la nature, car ils apprirent non à la deviner, mais à l'étudier et à la comprendre.

Jetons un coup d'œil rapide sur les siècles qui les précédèrent.

PREMIÈRE PARTIE

Dès l'origine des temps historiques, on aperçoit de vastes contrées courbées sous le joug du despotisme théocratique; des peuples qui viennent de se fixer par l'état agricole sont divisés en castes qui forment pour ainsi dire autant de nations distinctes. De puissantes corporations sacerdotales, pour maintenir leur supériorité politique, se réservent la culture des sciences comme un privilége exclusif : et de leurs médita-

.tions solitaires on les voit s'élever à un petit nombre de notions de géométrie, d'astronomie, et surtout de métaphysique, qui servent de fondement à une théologie grossière revêtue de formes allégoriques, moyen irrésistible de domination sur des masses plongées dans les ténèbres de l'ignorance et de la superstition.

C'est dans ces collèges de prêtres que les Grecs allèrent puiser les premières idées des sciences. Ils en empruntèrent des rêveries obscures sur la formation primitive de l'univers, les principes des choses, la nature intime de la cause première et de l'âme humaine. Ces spéculations, hors de la portée de l'intelligence, différemment combinées, devinrent le fond de la philosophie grecque et donnèrent bientôt naissance à quatorze sectes différentes qui ne pouvaient manquer de s'engloutir, en définitive, dans le scepticisme le plus absolu, résultat inévitable de toutes recherches sur de semblables questions.

Transmises aux Romains, qui ne furent créateurs dans aucun genre intellectuel, mais qui s'approprièrent seulement les arts et les sciences de voisins subjugués, ces conceptions imaginaires devinrent l'objet d'études qui jetèrent plus ou moins d'éclat jusqu'à l'invasion des barbares du Nord, époque où la culture des arts et des sciences est anéantie avec les débris de l'ancienne civilisation sous l'ascendant désorganisateur de ces peuplades exclusivement féroces.

L'origine et l'esprit du long et pernicieux empire de la philosophie ancienne, laquelle méconnut totalement l'expérience comme méthode de recherches, ne peuvent inspirer que de tristes pensées. Toute découverte est impossible dans les sujets de ses débats; à peine a-t-elle jeté un regard autour d'elle qu'elle croit tout comprendre. Dès son entrée dans la carrière, elle se place aux sommités les plus élevées de la science et explique tout par des suppositions vagues et abstraites; quant aux sciences naturelles, elle s'en occupe très peu : non que nous ayons la prétention de soutenir que l'antiquité ait manqué d'observateurs habiles; certes les noms d'Hippocrate, d'Archimède et d'Hipparque réfuteraient victorieusement une telle assertion ; mais au milieu du tourbillon qui emportait leur siècle vers les conceptions hypothétiques, les travaux de ces grands hommes ne furent que d'admirables exceptions qui n'exercèrent aucune influence sur la marche générale des sciences dans ces temps reculés.

Entre les sectes qui se disputèrent le sceptre de la philosophie dans l'antique Grèce, l'école du Lycée doit principalement fixer notre attention.

Aristote, son fondateur, un des hommes les plus remarquables par la profondeur et l'étendue de son génie, a laissé plusieurs ouvrages parmi lesquels on distingue ceux qui composent la logique. Cet ouvrage, dont la composition exigea une force de tête prodigieuse, dut, lors de son apparition, puissamment servir l'esprit humain à se débarrasser des entraves dont les sophistes et les rêveries mystiques de Platon l'avaient surchargé : la sagacité qui brille dans tous les détails de cette logique, explique très bien l'empire qu'elle a exercé sur l'ensemble des connaissances humaines pendant tant de siècles.

Pouvait-on faire une bonne logique à cette époque? Non sans doute, puisque la science de l'entendement n'était pas même ébauchée; le précepteur d'Alexandre en a exposé quelques principes que la postérité a sanctionnés; mais abandonnant subitement cette carrière, il s'enfonce aussitôt dans les règles du raisonnement soumis au préalable à des formes arbitraires. Toutefois, il finit en faisant des vœux pour que l'avenir perfectionne un travail qui n'avait pas eu de modèle, et les personnes qui de nos jours encore, considérant cette logique comme la limite où s'est arrêté l'esprit humain, en font la base de l'enseignement philosophique dans la plupart des écoles de l'Europe, ne s'aperçoivent pas que l'idéologie moderne a réalisé les vœux du célèbre Stagyrite, en démontrant que l'art de raisonner repose uniquement sur l'analyse rigoureuse des idées, et non sur un vain étalage de formules mécaniques qui ne pénètrent pas dans le cœur des choses.

Lorsque les peuples ignorants, mais vainqueurs, qui se partagèrent l'empire des Césars et fondèrent les nations modernes, se furent enfin établis d'une manière fixe et stable, les études philosophiques recommencèrent à se montrer.

Il se présentait deux moyens pour les cultiver. Observer les phénomènes de la conscience et de la nature, ou bien consulter l'antiquité. Ce fut ce dernier mode qu'on choisit. De même que les Grecs avaient puisé leurs opinions en Égypte et dans l'Inde, que les Romains avaient interrogé les Grecs, de même on adopta les hypothèses de la Grèce et de Rome. Alors s'enracina profondément dans les esprits l'idée que la vérité était connue, que les anciens l'avaient découverte, qu'il ne restait plus qu'à étudier l'antiquité, et si on croyait apercevoir quelque discordance entre la nature et les livres, la faute en était aux modernes, qui n'en avaient pas bien saisi le véritable sens.

Parmi ces nombreuses doctrines philosophiques, vieux monument de l'enfance de l'esprit humain, ce fut surtout vers les théories d'Aristote que se tournèrent les méditations de ces siècles. L'esprit humain en eût retiré d'heureux fruits, si l'on avait médité les ouvrages où son génie se trouve sans mélange, tels que sa poétique, qui a fixé la législation du bon goût; son histoire naturelle, qui repose sur de profondes observations d'anatomie comparée, et où on remarque des vues dont les sciences organiques se sont enrichies de nos jours, et dans lesquelles on trouve cette belle classification des fonctions vitales développée par Bichat d'une manière si brillante. Mais bien loin de là, ce fut sa logique qui devint le sujet exclusif de toutes les études.

Les vicissitudes de cette philosophie du Lycée sont vraiment singulières : dans le douzième siècle un concile de Paris la proscrit, condamne au feu les ouvrages du précepteur d'Alexandre, et fait même brûler vives plusieurs personnes accusées de les avoirs lus.

Mais d'immenses événements, qui avaient mis l'Occident face à face avec une nouvelle civilisation, contribuèrent à affermir l'empire des doctrines péripatétiques et à leur faire prendre une extension qui devait être si difficile à détruire.

Mahomet, en excitant au plus haut degré d'enthousiasme le fanatisme religieux dans les populations arabes, sut les tirer de leur obscurité et leur faire jouer un rôle politique étonnant; ses successeurs les califes Ommiades étendirent leur domination du Gange aux Pyrénées.

Sous la dynastie des Abbacides, fatigués de tant de conquêtes, les Arabes sortent tout à coup de l'ignorance. Ce peuple, qui ne faisait que d'adopter un système d'écriture alphabétique lors de l'apparition du prophète, s'illustre tout à coup par la culture de l'astronomie, de la médecine, de la géographie, de l'architecture, des mathématiques, en un mot de tous les arts et de toutes les sciences qui ne sont pas opposées au génie du Koran; des écoles sont ouvertes, les livres grecs sont traduits, et l'on s'adonne avec une sorte de fureur à la dialectique d'Aristote, qui finit par tout envahir.

L'Occident communique avec eux par l'Espagne. Gerbert, devenu Pape depuis sous le nom de Silvestre II, en rapporte, avec le système de numération emprunté aux Brames de l'Inde, des connaissances qui étonnent l'Europe barbare. Dès ce moment le triomphe de la philosophie péripatéticienne est assuré.

Dans le Moyen Age, tous les esprits étaient dirigés vers les idées religieuses, qui occupaient une place immense dans l'ordre social. Le Christianisme enseigné à son origine avec la simplicité de l'Évangile, avait été bientôt forcé de se revêtir des formes scientifiques, soit pour résister à la religion de l'empire dont la domination s'appuyait sur la force, soit pour répondre aux dissidences qui s'élevèrent de bonne heure dans son sein même. Ce fut pour l'appliquer aux spéculations théologiques qu'on adopta la dialectique d'Aristote. De là naquit la scolastique, science dont le but était la dispute. Le langage dont elle se servait pour exposer ses idées devenait tous les jours barbare et inintelligible à mesure qu'on avançait; le chef du Lycée, comme tous les philosophes grecs, pour échapper aux persécutions religieuses, avait été forcé de cacher ses pensées les plus importantes sous l'obscurité de termes ambigus dont quelques disciples choisis avaient seuls la clef. Cette circonstance fit naître des nuées de commentateurs qui tous entendaient ses écrits différemment. Les questions les plus singulières faisaient naître de nouvelles questions, les subtilités s'accumulaient d'une manière effrayante. Que de bons esprits perdus dans ces fausses routes! Que de grandes choses n'auraient pas produit, pour l'avancement des sciences, des hommes tels que les Scot, les Ocam, les Albert, les Thomas d'Aquin et cet Abeillard, célèbre autant par ses infortunes que par ses querelles théologiques avec saint Bernard, si leur génie eût été guidé par de bonnes méthodes!

L'étroite alliance qui s'était opérée entre le péripatétisme et la théologie, avait augmenté le respect qu'on portait aux écrits d'Aristote; ils étaient regardés comme infaillibles à l'égal de la Bible; on pensait généralement que, par une grâce spéciale, ce philosophe avait eu quelques prénotions de la révélation chrétienne : attaquer ses idées était un crime semblable à celui d'hérésie pour lequel le parlement infligeait la peine de mort.

La renaissance des lettres, qui ne fut après tout que la renaissance des lettres grecques et latines, ne porta aucune atteinte à son autorité, et plus tard, lorsque des circonstances heureuses firent poindre les véritables sciences, l'esprit humain, embarrassé dans les langes de la barbarie, ne pouvait plus les secouer; l'aristotélisme était si fortement établi, qu'entre personnes sûres et dans le secret de l'intimité, à peine osait-on prononcer quelques paroles d'opposition. Ramus, qui depuis périt si misérablement lors de la Saint-Barthélemy, avait été admonesté par le conseil d'État et ses livres brûlés par le bourreau. On lui avait défendu même de les lire. Gassendi était obligé de déguiser ses attaques sous la forme du doute et des paradoxes, s'en rapportant d'ailleurs aux décisions de l'Église. Cependant le chaos devenait de plus en plus profond; égaré dans ces fausses routes, l'esprit humain tournait dans un cercle sans fin, et il ne fallait pas moins que toute la force des plus sublimes génies pour découvrir l'étendue de l'erreur qui obscurcissait la scène des sciences depuis deux mille ans, et pour remettre l'intelligence dans la route qui mène à la vérité.

L'histoire morale de l'humanité offre au philosophe deux phénomènes dignes de son attention : la marche intellectuelle des masses ou des générations, et la marche d'hommes privilégiés dont le génie et l'audace impriment à l'humanité tout entière une direction qui décide de ses destinées. Ces divers modes de révolutions de l'esprit humain, bien observés, composent l'histoire complète de la civilisation. Les progrès des masses sont lents et gradués, quelquefois même des causes physiques ou sociales les arrêtent durant des époques assez longues; ceux qui sont dus à l'apparition d'hommes extraordinaires ne sont pas moins sujets à de nombreuses chances funestes; car ces esprits supérieurs qui planent au dessus de leur siècle disposent diversement de leur génie et suivant qu'ils dirigent leurs veilles vers l'acquisition de la puissance, de la célébrité, de la gloire ou de l'utilité publique, et même vers ce dernier but, mais en suivant une fausse route, on voit l'espèce humaine avancer ou reculer, s'ennoblir ou dégénérer. L'histoire des longs siècles que nous venons d'examiner nous offre un exemple sensible de cette singulière destinée.

Nous avons vu de grands génies, mais peu de progrès, car à cause du défaut d'une bonne méthode d'investigation, le but que chaque esprit distingué se proposait n'était pas tant l'utilité publique que la célébrité, passion funeste qui conduit Alexandre à dévaster le monde et qui pousse Aristote à sacrifier la vérité en dérobant aux âges futurs les ouvrages de ses rivaux. Cet amour de la gloire aveugla presque tous les grands penseurs de l'antiquité; peu prirent pour devise : Perfectionnons l'espèce humaine, délivrons-la de ses maux, augmentons les biens dont elle jouit en détruisant ses erreurs, en lui enseignant la vérité. Deux hommes cependant surgirent il n'y a pas trois siècles, du milieu de la nuit obscure où eux et leurs contemporains étaient plongés. Ils montrèrent à l'Europe étonnée la force de leur génie, l'étendue de leur vue, le grand espoir qu'ils concevaient de la chose humaine, et la confiance prophétique qu'ils avaient dans l'utilité de leurs doctrines. Ils portaient, inscrites sur leur étendard, ces paroles saintes et vénérables, semences de trésors infinis pour la société : *Homme, perfectionne-toi*. D'abord ils causèrent plus de surprise que d'admiration; mais bientôt l'Europe se réveille, elle reconnaît l'immense profit qu'elle pouvait tirer de ces deux restaurateurs de l'esprit humain et s'empresse de suivre leurs conseils. Depuis ce temps, le monde compte plus de progrès et de conquêtes sur la nature qu'il n'en avait fait durant cinq mille ans; depuis tout a changé, excepté le ciel et la terre, que l'homme a cependant conquis en partie. Quels étaient donc ces génies dont la puissance démontre presque un Dieu? Bacon et Descartes.

Hâtons-nous donc de quitter l'histoire de ces périodes stériles de l'intelligence humaine; la science, qui est si long-temps restée stationnaire, va prendre une marche de géant à la voix du génie et de la philosophie qui ont pour interprète ces deux grands hommes; mais comme le penseur anglais précéda le penseur français, commençons par examiner ses immenses travaux.

SECONDE PARTIE

Au milieu du chaos profond de la philosophie régnante et des difficultés sans nombre que présente l'étude de la nature, on peut désespérer du progrès des sciences, si l'on conserve quelques restes de cet amas d'opinions fécondes en disputes, mais stériles en résultats positifs. Le génie le plus vaste, aidé des chances les plus heureuses, ne parviendrait pas à sur-monter de tels obstacles, s'il ne les mettait totalement de côté. Les savants se sont engagés dans une route sans issue, où le but ne peut être aperçu ni atteint. Il faut donc revenir au point de départ primitif et refaire l'esprit humain en entier, depuis les idées les plus simples jusqu'aux plus composées. Il faut reconstruire pièce à pièce l'édifice des connaissances, à commencer par le fondement, et tenter dans son ensemble une grande rénovation des sciences. *Instauratio Magna.*

Dans la première partie de cette immense entreprise inti-tulée : *De l'importance et de l'accroissement des sciences, De dignitate et augmentis scientiarum,* Bacon jette un vaste coup d'œil sur l'état des connaissances humaines à son époque, il en opère pour ainsi dire le recensement et en dresse la sta-tistique; se proposant de perfectionner l'ensemble, il en fait d'abord une classification afin d'envisager facilement les améliorations qu'il va introduire dans chacune, les ayant au préalable réunies dans le plus petit espace possible.

Cette classification repose sur trois facultés intellectuelles et admet par conséquent trois divisions : sciences de mémoire ou histoire, sciences d'imagination ou beaux-arts, science de raison ou philosophie.

Depuis que la théorie de la formation des sciences a plus particulièrement occupé les esprits, on a attaché beaucoup d'importance à une bonne distribution des connaissances. Celle que nous venons d'exposer a été critiquée avec raison, elle est basée sur une analyse inexacte de l'entendement ; l'imagination et la raison ne sont pas des facultés élémentaires, et il n'y a pas de connaissances à laquelle ne concourent ces trois facultés.

Bacon expose ensuite les profondes observations qu'il a faites sur la marche des sciences. Les causes générales de leur stagnation sont analysées et réduites à trois; ce sont : le dédain présomptueux des hommes qui possèdent le pouvoir, la jalousie des théologiens qui craignent de voir passer leur influence en d'autres mains, et enfin les erreurs des savants eux-mêmes égarés par de mauvaises méthodes.

Bientôt toutes les sciences sont évoquées à son tribunal, il fait connaître pour chacune le point où elle est parvenue, ce qu'elle a acquis de certain, et sépare les idées saines qu'elle doit conserver d'avec les erreurs qu'on a introduites dans sa contexture. Il ouvre ensuite pour toutes une foule de routes nouvelles dans lesquelles il se hâte d'entrer, étant surtout jaloux de se rendre utile à titre de guide; ainsi sont indiquées un grand nombre de recherches inconnues jusqu'à lui. Il les désigne sous le nom d'omissions, observant que la science est comme le globe terrestre, où l'on remarque plusieurs contrées désertes. Bientôt ses vues atteignent une plus grande élévation. Tout en parcourant ce vaste champ des connaissances humaines, il signale ces sujets d'étude entièrement nouveaux; cultivés avec succès dans les âges suivants, ils forment aujourd'hui une des parts les plus importantes de nos richesses intellectuelles.

Ce serait un travail réellement curieux qu'un tableau des sciences qui remontent à Bacon comme leur créateur, et la comparaison de ce qu'elles sont devenues dans la suite, avec la manière dont il les conçut en leur donnant, pour ainsi dire, le jour.

C'est ainsi que la première apparition des sciences suivantes, et de bien d'autres dont l'énumération ne peut être placée ici, date de l'époque du *de augmentis*.

La grammaire générale, développée par les méditations des de Port-Royal, des Dumarsais, des Beauzée, des Destut de Tracy et des Sylvestre de Sacy.

L'histoire de la philosophie, telle que la composèrent les Bruker, les Deslande, les Buhle et les Degerando.

L'histoire de la littérature, d'après le plan que suivent Laharpe, Chénier, Ginguené et Sismonde de Sismondi.

L'étude des arts mécaniques, qui de nos jours occupent, à juste titre, les esprits les plus versés dans les théories des sciences exactes.

En tête des faits historiques, les travaux de quelques penseurs.

Cependant, que ne laissent pas à désirer ces travaux d'ailleurs si remarquables? A mesure que l'on y fera plus de progrès, on éprouvera le besoin de rechercher d'une manière rigoureuse le mécanisme de chaque allégorie et de faire voir comment l'état imparfait du langage force à désigner les idées abstraites sous les noms de héros de roman et leur liaison, par les aventures qu'ils exécutent. On s'occupera à ramener les différents sujets auxquels se rattachent tous les récits symbo-liques à certains chefs qui pourraient même se réduire à quatre ; les arts, la religion ou la morale, la physique et l'histoire, ce sont là autant de chefs qui peuvent pénétrer dans l'intimité de toutes ces fables et en dévoiler le sens secret. On sentira alors qu'il faut étudier toutes les mythologies, et non se borner, comme on le fait généralement, à l'explication du système de quelques peuples pour lesquels on semble avoir circonscrit les destinées du genre humain, dans les temps anciens, autour du bassin de la Méditerranée.

Quoique Bacon fût toujours conduit par l'inspiration créatrice de son génie, toutes ses vues philosophiques n'ont pas la même portée ni la même utilité. Les unes en grand nombre ont été réalisées dans les siècles suivants : pour les sciences que nous venons de citer chez tous les peuples qui remontent à une antiquité reculée, se trouve une longue série de récits merveilleux, véritables allégories qui rebutent à un premier coup d'œil par une incohérence et une absurdité apparentes.

Leur généralité frappa vivement l'illustre auteur de la *Grande rénovation ;* il aperçut d'une manière distincte que ces narrations mythologiques contenaient la sagesse des premiers hommes, et pour ne pas rompre la continuité des travaux philosophiques jusqu'à lui, il se livra sur ce sujet à de profondes et savantes méditations. Lorsqu'on le suit avec quelque intelligence de la matière, on est étonné de l'étendue et de la portée de ses vues; il les explique même dans certains passages avec une franchise qui alarmerait des opinions profondément enracinées. Il a très bien saisi l'artifice de ce langage primitif, on le voit même en certains endroits se servir de formes symboliques pour voiler des pensées hardies qui choqueraient trop ouvertement les préjugés de son siècle.

Longtemps après que Bacon eut ouvert cette vaste carrière, plusieurs philosophes y pénétrèrent avec plus ou moins de succès. Les recherches des Banniers, des Warburton, des Rabaut Saint-Étienne, des Dupuy, des Volney, des Creutzer, ne sont que la continuation et le développement des idées de ce grand homme et en sont la preuve; c'est ainsi qu'il a indiqué la plupart de ces grandes, belles et utiles entreprises qui ont fait faire de si vastes progrès aux différentes branches des connaissances naturelles; d'autres n'ont pas été accueillies, puisqu'il les a puisées dans les rêveries de la scolastique. Quelques-unes ont d'abord été exploitées et ensuite presque abandonnées, témoin les recherches météorologiques qui mériteraient plus de soin qu'on ne leur en accorde aujourd'hui. Elles ont vivement occupé Bacon, qui leur donnait un rang distingué dans son système d'amélioration humaine, car son but était de tendre à soustraire l'homme, autant que possible, à l'empire des vicissitudes de la nature. Enfin, on en remarque d'autres qui attireront probablement l'attention de l'avenir, lequel découvrira les germes de fécondité qu'elles recèlent et qu'on n'a pas aperçus jusqu'ici.

Une production aussi originale que *de dignitate et augmentis scientiarum* ne pouvait manquer d'exercer une influence salutaire, surtout au XVIIIe siècle, lorsqu'on commença à apporter le flambeau de la philosophie dans les méthodes de communication des sciences.

Déjà on avait eu l'idée de réunir toutes les connaissances humaines en un seul livre. L'Histoire naturelle de Pline et la Somme de Thomas d'Aquin peuvent être regardées comme les encyclopédies des époques où elles parurent.

Il appartenait à l'ouvrage de Bacon d'inspirer à Diderot et à Dalembert une conception aussi utile pour la propagation des sciences que celle du plan de la grande encyclopédie, ouvrage qui fit croire à son début qu'il serait non seulement le dépôt de toutes les connaissances, mais un vaste réservoir où on ne les admettrait qu'épurées et après leur avoir communiqué une nouvelle vie.

Toutefois, on pourrait peut-être soutenir avec quelque avantage que la première partie de la grande *rénovation* est bien loin d'avoir exercé sur la marche des sciences toute l'influence qu'on est en droit d'attendre d'une production aussi philosophique.

Ce serait à notre avis une tentative vraiment heureuse que celle d'entreprendre, pour l'état actuel des sciences, un travail semblable à celui qui fut réalisé par Bacon.

Si les différentes branches des sciences ont fait d'immenses progrès, des causes de stagnation, des directions vicieuses, de mauvaises habitudes ne se sont-elles pas introduites dans leur contexture? Quelle puissante impulsion ne leur communiquerait donc pas un penseur profondément versé dans la métaphysique des sciences, qui concevrait une telle entreprise? Que de questions d'un haut intérêt se présenteraient à lui? C'est ainsi qu'il aurait d'abord à s'occuper d'une classification des sciences fondée sur l'ordre dans lequel elles s'enchaînent et naissent les unes des autres. Il devrait examiner d'une manière rigoureuse le caractère qui les distingue entre elles et circonscrire le domaine de chacune dans des limites clairement tracées, car à mesure que leur champ s'agrandit et que de nouvelles sciences apparaissent, une espèce de confusion s'établit dans leur ensemble; on ne sait à laquelle faire rapporter telle notion ou telle théorie. Il indiquerait les nombreux points de contact qu'elles offrent toutes entr'elles; il n'en est, en effet, aucune d'étrangère et d'isolée; elles sont toutes sœurs comme les neuf muses, et l'on ne peut en connaître une parfaitement sans avoir étudié beaucoup les autres; de là les secours mutuels qu'elles se prêtent : une découverte opérée dans une seule change la face de toutes les autres; c'est ainsi que de nos jours le perfectionnement des branches de la physique qui traitent de certains fluides impondérables, a amené de belles découvertes dans la chimie.

Ce sont là sans doute autant de sujets qui attirent souvent l'attention des personnes habituées à réfléchir sur la philosophie des sciences. Mais combien d'aperçus féconds en résultats surgiraient de toutes parts des besoins qu'éprouvent certaines sciences? Et pour n'en citer que quelques-unes, ne devrait-on pas, par exemple, remonter à l'origine des différents genres de littérature, démêler dans l'état des sociétés antiques les différentes circonstances qui leur donnèrent le jour? On concevrait alors le pourquoi de chacune des règles que leur a imposées la critique, et le développement de ces théories jetterait de vives lumières sur les discussions qui agitent l'empire des beaux arts. Ne serait-il pas urgent de s'occuper de la philosophie de l'histoire dans un moment où tous les esprits se dirigent vers les études historiques, et lorsqu'on commence enfin à s'apercevoir qu'elles sont les plus propres à former des citoyens appelés à vivre sous l'empire d'institutions libérales? Enfin, un tel travail amènerait naturellement à développer ces grandes et généreuses pensées qu'enfante l'espérance de voir s'améliorer le sort des hommes, d'un côté par le perfectionnement des arts et des sciences naturelles, de l'autre par le progrès de l'organisation sociale et de l'industrie, qui seraient enrichies des nouvelles données des sciences morales et philosophiques, et entr'autres de l'économie politique. Tant il est vrai que la civilisation et la philosophie sont intimement unies; elles sont ensemble stationnaires ou progressives, et leur mouvement peut être comparé à celui que produisent deux roues étroitement engrenées.

Mais ce n'était pas tout que de se fixer sur l'état des sciences de son temps et de déterminer le but qu'elles devaient atteindre. Il s'agissait de donner les moyens d'arriver à ce résultat. La partie la plus importante de la grande restauration reste donc à entreprendre. Ici la scène change, les idées de Bacon grandissent, ces conceptions acquièrent un caractère de généralité qui embrassent tous les objets qui sont du ressort de l'esprit humain. Il propose une nouvelle méthode fondée sur la nature même de l'intelligence, et dont nous allons rapidement indiquer le caractère.

Depuis qu'on ne suit aucune route certaine dans l'étude de la nature, une foule de préjugés, de notions fausses, de fantômes, véritables idoles devant lesquelles l'homme s'agenouille en les encensant comme des objets de culte, se sont profondément logées dans l'intelligence et y ont pris en quelque sorte droit de domicile. Il faut donc avant tout écarter ces préjugés, car non seulement ils nous fermeraient l'entrée de la bonne voie, mais même ils nous en détourneraient.

Ces idoles sont de quatre espèces; elles naissent soit de la faiblesse d'intelligence, soit de l'influence d'institutions vicieuses sur les individus, soit encore de l'imperfection des langues, ou bien de ces nombreuses hypothèses de philosophie qui finissent par peupler l'intelligence de notions erronées et qu'on peut regarder avec raison comme des fables, de véritables drames mis tour à tour sur la scène des sciences pour y représenter des mondes imaginaires.

A chacune de ces classes appartiennent un grand nombre de préjugés; mais il ne s'agit pas de les réfuter un à un : il suffit d'en connaître l'origine, la formation et le genre d'influence qu'ils exercent sur les connaissances; enfin, de les caractériser de telle sorte, qu'on puisse les reconnaître sous quelque apparence qu'ils s'offrent à nous. Alors on pourra s'engager avec assurance dans la véritable carrière et faire une application de la bonne méthode à l'ensemble des connaissances : le portique est achevé, il faut maintenant construire l'édifice lui-même.

Mais avant de s'engager dans une recherche quelconque, il est une précaution à prendre d'une haute importance et qu'on ne doit jamais perdre de vue : c'est de ne se laisser entraîner par aucune idée fixe et préconçue, et de ne pas envisager le sujet dont on s'occupe d'après des vues arrêtées d'avance. Le doute est donc la disposition préliminaire la plus convenable à toute investigation ; les études exécutées sous son influence doivent amener des résultats toujours satisfaisants, tandis que ces systèmes, commencés avec une certitude si robuste, finissent par enfanter le doute et faire naître des contestations interminables qui mettent le trouble dans l'empire des sciences et jettent dans l'entendement ce désespoir funeste qui le porte à penser qu'il lui est impossible d'atteindre à la réalité.

Le caractère le plus saillant de la philosophie régnante est de commencer les sciences par des axiomes et des spéculations générales. L'imagination est interrogée comme un oracle et ses réponses accueillies avec respect. Depuis deux mille ans on ne s'est écarté de cette marche dans aucune recherche scientifique. Là se trouve la cause capitale de la stagnation des connaissances; tout progrès devient impossible, une foule d'hypothèses construites sur un même fonds d'idées se succèdent avec rapidité et reparaissent brillantes d'un éclat qui charme et captive la foule aveugle. Entraîné par une sorte de vertige, l'esprit humain passe et repasse indéfiniment dans les mêmes sentiers sans avancer vers la lumière. Si l'on veut élever l'entendement à la hauteur de la réalité des choses et lui ouvrir une carrière vraiment grande et séculaire, il faut suivre une direction diamétralement opposée. On n'observe dans la nature que deux choses : premièrement des individus et des phénomènes, secondement des connexions entre eux. Toute science doit commencer par les faits. Pourquoi les arts s'enrichissaient-ils de quelques améliorations, tandis que les sciences dégénéraient ou restaient stationnaires? La raison en est simple : c'est que les personnes qui exerçaient ces genres de travaux étaient obligées d'étudier les faits et de les combiner incessamment. C'est ce qui explique la stérilité des travaux scientifiques.

Les hommes ne connaissent pas leurs forces, ils les jugent ou trop grandes ou trop petites; tantôt ils se persuadent que tout est connu, tantôt ils désespèrent de saisir les secrets de la nature. On dirait que les premiers philosophes ont élevé dans l'empire des sciences de nouvelles colonnes d'Hercule sur lesquelles ils ont inscrit qu'on n'avancerait pas plus loin.

Une bonne méthode doit faire apprécier la nature de ces forces et fournir des secours à nos moyens de connaître. Ces moyens sont de deux espèces, *les sens et l'induction*.

Les secours qu'on peut fournir aux sens sont relatifs à l'art de diriger l'observation et l'expérience.

Les préceptes que donne Bacon sur ce sujet doivent vivement intéresser le philosophe; ils prouvent combien il était lui-même habile à observer : les instruments d'optique connus depuis peu, les instruments de mathématiques qui donnent plus d'exactitude et de précision aux résultats qu'on obtient, en un mot, tout ce qui peut ajouter à la puissance des sens et étendre le champ de l'observation, est tour à tour passé en revue pour la première fois. La profondeur et la sagacité de ses vues, en même temps qu'elles démontrent combien sont chimériques et illusoires les sciences qui ne reposent pas sur la sensation ou l'intuition, sont très propres à former d'habiles observateurs et à procurer des expériences fécondes en heureux résultats.

Mais ce n'est pas tout que d'étudier la nature dans le cours ordinaire qu'elle suit librement, il faut agir sur elle et la placer dans des circonstances plus propres à l'observation, il faut la tourmenter, la vexer, la violenter par l'expérience, si l'on veut lui arracher comme à Prothée les secrets qu'elle abandonne avec tant de résistance et de regret. Bacon fait sentir toute l'importance des expériences, il enseigne l'art de les instituer, de les varier et de les faire naître les unes des autres, de les répéter sans se laisser décourager par la lenteur des résultats. Il critique les expérimentateurs de son temps, qui, dirigés par des vues étroites, cherchaient non à expliquer la nature, mais à découvrir quelques petits procédés, quelques manipulations particulières, préférant des expériences *fructueuses* à des expériences *lumineuses,* et leur prouve par là que le but qu'ils se proposaient d'atteindre pouvait être comparé à ces pommes d'or jetées dans le cirque pour détourner Atalante du prix de la course qu'elle était sur le point de remporter. Il fait plus encore, il propose lui-même une foule d'expériences à tenter, et ses indications, dont on ne peut se lasser d'admirer l'étendue et la fécondité, embrassent toutes les parties des sciences physiques et organiques.

Quant à l'induction, la nature même des facultés intellectuelles indique qu'il faut d'abord recueillir d'immenses collections de faits, les étudier attentivement, les soumettre à l'observation et à l'expérience, n'en omettre et n'en dédaigner aucun sous prétexte qu'ils sont vulgaires ou de peu d'importance; ce travail achevé avec un soin scrupuleux, on peut s'élever graduellement, avec lenteur, et après de profondes et longues combinaisons, à la connaissance des lois et des phénomènes de la nature. Arrivé à ces principes, l'esprit humain découvrira de nouveaux phénomènes ainsi que de nouvelles expériences à tenter; de sorte que s'élevant des faits aux principes, descendant des principes aux faits, pour s'élever encore à des résultats généraux, on verra s'agrandir l'horizon des sciences enrichies de découvertes et d'idées remarquables par l'exactitude et la rigueur de leur détermination.

Mais surtout qu'on ait toujours présent à la mémoire que cette impatience audacieuse qui porte l'esprit humain à s'élever comme du premier bond aux notions générales, est la disposition qui met le plus d'obstacles à la réussite des recherches scientifiques. Ce ne sont pas des aîles qu'il faut donner à l'intelligence, mais bien des semelles de plomb.

Hominum intellectui non plumæ addendo sed potius plumbum et pondera.

La méditation des principes de Bacon relatifs à la méthode nous montre qu'il s'est beaucoup plus étendu sur les avantages de l'étude des faits et des individus, par l'observation et l'expérience, que sur la recherche des causes. Cette direction qu'il s'efforce d'imprimer aux esprits peut être considérée comme un mouvement réactionnaire contre les subtilités scolastiques qui avaient fait oublier totalement l'avantage de l'observation des phénomènes.

Il s'en faut toutefois que ses vues soient toujours aussi sages. On trouve dans un certain nombre de ses méditations des traces de la métaphysique vicieuse de son époque, tant il est difficile même aux têtes les plus fortes de se débarrasser des idées régnantes de leur siècle.

On le voit s'occuper d'une manière toute spéciale de la recherche des formes, c'est à dire de l'ensemble des propriétés qui constituent la nature intime des êtres. Idée vicieuse, puisque à cause des limites de son intelligence, l'homme ne peut observer que le rapport des choses à lui et non ce qu'elles sont ni comment elles sont. L'homme ne connaîtra jamais que les phénomènes et leurs lois, ce qui d'ailleurs suffit à la satisfaction de ses besoins.

Son siècle était aussi fortement convaincu que la découverte de la vérité résultait du mécanisme syllogistique, que les mathématiciens le sont de faire sortir tous les cas possibles des formules algébriques. Entraîné par cette idée, Bacon invente un mécanisme particulier pour arriver à la connaissance des formes.

C'est avec regret qu'on voit cette erreur, par la place considérable qu'elle occupe dans sa méthode, déparer ces grandes idées relatives à la marche naturelle de l'esprit humain, ou du moins empêcher que celles-ci ne ressortent autant qu'elles le devraient.

Mais on reconnaît le génie jusque dans ses écarts : Bacon est encore lui dans la manière dont il applique les principes de la philosophie expérimentale à ces abstractions hypothétiques. C'est par l'observation des faits qu'il veut qu'on arrive à la connaissance des formes. Cette maxime, fortement empreinte dans la structure du mécanisme qu'il propose, le rend bien supérieur à tout ce que son siècle aurait pu imaginer dans ce genre.

Bacon se demande ensuite : Est-ce pour satisfaire une vaine curiosité qu'on doit s'efforcer d'étendre la sphère des connaissances humaines?

Le véritable but des sciences se trouve indiqué pour la première fois et mis dans tout son jour dans sa méthode. Jusqu'à lui aucun philosophe ne l'avait fait connaître; l'antiquité tout entière semble n'en avoir pas soupçonné l'existence.

L'homme est sujet à mille maux qui découlent soit de sa faiblesse, soit de son ignorance. Toute sa puissance est dans son savoir.

C'est pour soumettre les forces de la nature à son service, après avoir reculé les bornes de son empire sur elle, que l'homme se livre à l'étude des sciences.

Bacon développe cette idée avec toutes ses conséquences; il donne des préceptes très remarquables sur l'art d'appliquer les résultats des théories à la pratique des arts et à la satisfaction de nos besoins. Il fait envisager les sciences sous un aspect vraiment auguste; elles deviennent entre ses mains les moyens les plus efficaces pour amoindrir les misères de l'espèce humaine, calmer ses terreurs superstitieuses, améliorer son sort et perfectionner la civilisation.

Son génie pénétrant aperçoit distinctement l'étendue des

révolutions que produiront les sciences étudiées dans le sens de ses principes. Aussi fait-il tous ses efforts pour hâter le moment où l'on commencera d'entrer dans les sentiers de la philosophie expérimentale. Comme il le dit lui-même, il cherche partout les moyens propres à éveiller et à stimuler l'entendement. Il exhorte les hommes à faire des expériences, il les engage à entreprendre de grands travaux en suivant les maximes de la méthode, et pour mieux faire connaître la manière de l'appliquer, il la met en action dans une espèce d'utopie, intitulée *Atlantide,* où il décrit un corps de savants auxquels il donne un rang éminent dans l'ordre social qu'il imagine, et dont les membres s'occupent incessamment à étudier la nature d'après la marche qu'il a tracée. Tantôt il fait des vœux ardents pour que quelque découverte éclatante, opérée par la voie expérimentale, frappe vivement les esprits et les pousse dans cette nouvelle direction. Son style alors s'anime par la noble sollicitude qu'excitent en lui ces grandes pensées et se revêt d'expressions et d'images sublimes. D'autres fois, dominé par l'enthousiasme où le jette l'espoir de l'avancement des sciences et de la civilisation, il rêve pour l'espèce humaine un avenir qu'il voit se réaliser à travers le lent écoulement des siècles; il en trace des tableaux ravissants, et ses vues dans ce genre sont si vastes et si profondes, elles dépassent tellement la portée des masses contemporaines qui l'environnent, que celles-ci ne pourraient pas plus le concevoir, que l'esclave formé par les antiques institutions de la contrée où coule le Nil ne serait apte à imaginer quelque chose de semblable aux destinées du citoyen de ces nations du nord de l'Amérique, appelées à la liberté par le génie des Washington et des Franklin.

La troisième partie de la *Grande rénovation,* repose sur une pensée majeure qui doit être attentivement considérée à cause de la place importante qu'elle y occupe.

Quels sont les procédés dont on ne s'écarta pas au milieu des entraves accumulées par les hypothèses philosophiques des Grecs et des barbares leurs successeurs?

L'esprit humain concentre son activité sur un petit nombre d'idées qu'il tire de sa propre substance, et, les combinant incessamment, toutes les connaissances s'encombrent bientôt d'une quantité innombrable de spéculations vagues et arbitraires. Cette carrière est indéfinie; il n'y a pas de raison pour qu'on borne sa course aventureuse dans cet immense empire du vide et des chimères.

Qu'on cesse donc de s'étonner de la longue durée de la scolastique; il est évident que si l'on ne parvient à opérer une révolution complète dans les sujets devenus l'aliment des méditations générales, on n'entrevoit pas de cause qui puisse mettre un terme à son règne.

Le seul moyen de surmonter cette difficulté est de se débarrasser de toutes les notions mal faites, c'est de s'adonner aux sciences exactes : là les phénomènes sont toujours présents sous les yeux, et si l'on a des doutes sur la composition des idées déjà admises, il est facile d'en vérifier les éléments par l'observation des faits matériels qu'on peut manier à volonté.

Il est donc urgent de se livrer à l'étude de la nature : cette vérité est profondément sentie par Bacon, il en aperçoit les conséquences les plus reculées. Dès lors, ce n'est plus assez pour lui d'avoir déterminé le domaine de chaque science et fait connaître une nouvelle méthode, il veut hâter le moment où l'on abandonnera la voie des abstractions; c'est dans ce but qu'il entreprend une histoire naturelle.

Embrassant, pour ainsi dire, tout l'univers, il conçoit cette science sous un point de vue beaucoup plus vaste qu'on ne l'avait fait jusqu'à lui et la divise en trois grandes branches : 1° Théorie de la nature en liberté ou suivant son libre cours; il l'appelle histoire des générations ou espèces. 2° Théorie des écarts de la nature, ou histoire des prétergénérations ou monstres. 3° Théorie de la nature assujétie aux lois imposées par l'homme, ou histoire des arts.

Mais il n'était pas en son pouvoir de développer un cadre d'une étendue aussi considérable, à une époque où tous les faits étaient à observer ou à créer en quelque sorte. Il se contente donc d'indiquer plutôt ce que doit être une véritable histoire naturelle, que de la faire lui-même, et il montre combien elle différera de ces immenses recueils qu'on prenait alors pour cette science et qui n'étaient pleins que d'une érudition mal dirigée et d'un esprit superstitieux.

Deux sujets l'occupent particulièrement : l'histoire des vents et l'histoire de la vie et de la mort.

L'étude des météores et des moyens d'augmenter la durée de la vie humaine devait surtout fixer l'attention d'un philosophe dont toutes les pensées étaient dirigées vers le but élevé et philanthropique d'améliorer le sort des hommes. On remarque dans ces deux traités plusieurs détails qui auraient pu guider Bichat dans les belles expériences qu'il entreprit pour déterminer le mécanisme de la mort, lorsqu'un des trois organes qui forment le trépied de la vie est primitivement atteint.

Dans le corps de cette histoire naturelle, il effleure toutes les questions qui entrent dans cette belle science dont il a le premier déterminé l'étendue; il les parcourt toutes, non pour les traiter à fond, mais seulement pour émettre sur chacune les principes d'après lesquels il veut qu'on les traite, et pour indiquer les recherches et les expériences qu'elles lui ont suggérées.

Cet ouvrage n'est à proprement parler qu'une collection d'observations sur la manière d'étudier les différents objets de l'histoire naturelle, comme l'indique le titre de *Sylva sylvarum* qu'il lui donne.

Par lui-même, Bacon n'a formé aucune théorie marquante dans les sciences naturelles, et bien loin que cette circonstance doive lui être imputée à défaveur, son génie s'y montre au contraire dans tout son jour. Il avait constamment sous les yeux un tableau trop exact des connaissances de son temps, où tout était à faire et où on n'avait pas encore mis la main à l'œuvre, pour se livrer à des généralisations. Il était trop familiarisé avec l'esprit de la méthode expérimentale dont il avait saisi les conséquences les plus reculées, pour tomber dans une aussi grave erreur. S'il n'a pas fait de découvertes, il n'a pas imaginé d'hypothèses, et il a bien soin d'avertir qu'on ne doit regarder les explications qu'il donne que comme des ébauches provisoires, le temps d'interpréter la nature n'étant pas encore arrivé. Il pousse les hommes, non à faire des systèmes ou à choisir entre ceux qui sont établis, mais à recueillir des faits et des observations. On ne peut se lasser d'admirer avec quelle sage circonspection il sait se renfermer dans ces étroites limites.

Toutefois, si l'illustre auteur de la grande *rénovation* n'a pas fait faire de progrès matériels aux sciences exactes, il a du moins aperçu toutes les grandes découvertes des siècles suivants. Aussi, quel ne serait pas l'étonnement d'une personne qui, connaissant la marche de ces sciences dans les derniers temps, mais n'ayant aucune idée des ouvrages de Bacon, viendrait à les lire! Elle y trouverait clairement prédits tous les travaux scientifiques des trois derniers siècles, car il a indiqué tout ce qui s'est fait de grand et d'utile pour le genre humain.

C'est ainsi qu'il a clairement désigné l'attraction comme cause de toute la mécanique céleste, et fait sentir l'importance de son étude.

Dans la partie du *Sylva sylvarum,* qui a rapport à l'acoustique, il indique l'expérience à faire pour apprécier la vitesse de la propagation du son, absolument de la même manière que l'ont exécutée pour la première fois, en 1738, sur les hauteurs qui environnent Paris, les commissaires de l'Académie des Sciences, et telle que l'ont récemment répétée les membres du Bureau des Longitudes.

Certaines observations lui ont fait soupçonner la pesanteur de l'air, et il va même jusqu'à imaginer une sorte de machine pneumatique qui, quoique grossière, aurait pu l'amener à une découverte réservée aux ingénieuses recherches des Toricelli et des Pascal.

Il a entrevu, dans les êtres vivants, la généralité du phénomène connu sous le nom d'*irritabilité,* et prédit ainsi le rôle que Glisson, Haller, Bichat, et tant d'autres physiologistes, devaient soupçonner à cette propriété dans la théorie des fonctions vitales.

Quant à la chimie, science dont il ne parle qu'avec prédilection, il l'a enrichie, sur les affinités, de vues qui ne diffèrent, pour ainsi dire, que par les expressions, des lois que Fourcroy a déduites de nombreuses expériences.

Au milieu des efforts sans nombre qu'on fait de toutes parts pour ressusciter les vieilles hypothèses de philosophie qui replongeraient bientôt les sciences dans le chaos d'où on les a tirées avec tant de peine, il s'en faut de beaucoup que les ouvrages de Bacon soient lus et médités autant qu'ils le méritent.

Leur étude peut offrir deux sortes d'avantages.

Les personnes qui se sentent appelées à faire des découvertes dans les sciences naturelles y puiseront, non seulement la bonne manière de philosopher, mais encore une foule d'aperçus qui seront pour elles les germes de recherches intéressantes, car toutes les indications de Bacon sont loin d'avoir été mises à profit.

Quant à celui qui se sent porté par ses goûts aux

investigations relatives à la philosophie dès sciences, il devra surtout étudier profondément les idées de Bacon; il ne tardera pas à s'apercevoir qu'elles ont été la source de presque tous les grands travaux idéologiques des métaphysiciens attachés à la marche expérimentale; il apprendra à se familiariser avec les secrets de la méthode analytique, et il sera impossible qu'à la vue de certains passages où se décèlent toutes les hautes pensées de ce grand homme, il ne sente pas son cœur palpiter, comme Malebranche, à la lecture du *Traité de l'homme* de Descartes.

Telle est la méthode de Bacon; il la nomme *Novum organum,* pour l'opposer à la logique d'Aristote appelée par lui *organum,* comme qui dirait machine propre à guider l'intelligence; les principes qu'elle renferme ont changé la face des connaissances et leur ont fait faire plus de progrès, depuis qu'ils sont connus, qu'on n'en avait fait durant les siècles précédents.

Les personnes qui conçoivent la marche actuelle de l'esprit humain sont familiarisées avec ces principes, parce qu'elles en voient de nombreuses applications à tout moment; mais quelle est grande l'admiration dont on est saisi quand on pense qu'ils ont été exposés, pour la première fois, à une époque où la science et la philosophie étaient ensevelies au milieu des ténèbres d'une nuit profonde.

Le *Novum organum* est ce vaste luminaire dont Bacon parle quelque part, et qu'il veut suspendre à la voûte du temple des sciences pour dissiper les ténèbres épaisses qui l'obscurcissaient, et répandre une vive clarté dans tout l'édifice dont, jusqu'à lui, on n'avait cherché à éclairer que quelques parties séparées.

L'admiration pour les travaux philosophiques de Bacon est unanime, mais son style a eu de nombreux détracteurs; on n'a tenu compte ni de l'époque et du pays où il vivait, ni de la langue dont il se servit, langue morte et fixée, qui devait par conséquent être peu propre à rendre des idées entièrement nouvelles. Si l'idiome de sa nation était insuffisant pour exprimer ses vues métaphysiques, que devait-ce être de la langue latine? Il n'est donc pas étonnant de voir ses écrits remplis de néologismes, de phrases longues et souvent obscures, de périodes difficiles à suivre et à saisir. Depuis Platon et Aristote, tous les philosophes qui ont émis les premiers une nouvelle doctrine ont dû user de termes nouveaux, qui malheureusement n'ont pas toujours été assez bien compris de leurs disciples, pour que la postérité en eût l'intelligence parfaite. Pouvait-on, au milieu de ce chaos de la scolastique, écrire comme Pline ou Cicéron? On sent que le génie d'un homme, si grand qu'on le suppose, n'aurait pu y parvenir. Mais si Bacon présente des défauts dans la manière d'exposer ses idées, il est à remarquer que ces défauts proviennent plutôt des efforts qu'il fait pour se débarrasser des liens des scolastiques que de son désir d'imiter leur façon d'écrire.

Les livres des docteurs de son temps se faisaient par syllogismes et par toutes les formules dialectiques d'Aristote. Bacon écrivit et pensa autrement qu'eux, aussi leur fut-il supérieur, et comme écrivain, et comme philosophe. Loin de nous cependant l'idée de présenter son style comme un modèle de correction, de goût et de pureté! Il est, en général, prolixe et diffus, obscur même en quelques-unes de ses parties, et use souvent de métaphores ambitieuses et trop répétées. Mais si nous n'omettons aucun des défauts de son style, disons pareillement tout ce qu'on peut y louer. Nous le montrerons riche d'expressions heureuses, d'images brillantes et pleines de majesté, ornements qui empêchent le lecteur de se fatiguer des matières abstraites qu'on y traite. Nos lectures nous ont prouvé que Bacon a prêté plus d'une fois des expressions, pompeuses à nos orateurs. On le voit surtout chez un écrivain qui se fit une haute réputation d'éloquence en enseignant à la première école de France la philosophie créée par Bacon et Descartes. On ignore communément les richesses littéraires que renferment ses ouvrages, parce qu'elles sont enfouies, il faut le dire, dans un tas de pages fastidieuses et rebattues. Mais qui ne goûterait la beauté de mille pages où brille le style le plus énergique? Où trouverait-on une plus belle comparaison que celle où voulant peindre l'origine de la chimie due aux efforts de ceux qui cherchaient un secret impossible, il cite l'antique fable du vieillard qui promet à ses enfants des trésors que recèle son champ, trésors qui, de même que le grand œuvre, étaient des espérances vaines et chimériques, mais qui, par l'ardeur et le courage qu'elles inspiraient, devaient enrichir le monde d'une science nouvelle, comme les jeunes laboureurs d'une nouvelle fortune? Quelle image que celle des pommes d'Atalante qui l'arrêtent dans sa course pour exprimer le faux calcul de ceux qui, dans la pratique des sciences, s'arrêtent de préférence aux expériences d'une utilité légère, mais présente, plutôt qu'à celles qui promettent des résultats immenses, mais lointains!

Mais si nous abandonnons la vie spéculative de Bacon pour parler de sa carrière politique, les louanges devront cesser; nous le voyons courtisan éhonté des plus bas favoris de la cour d'Angleterre, ingrat envers son bienfaiteur le duc de Sussex, et convaincu du crime de péculat dans l'exercice de ses fonctions; réduit, enfin, à implorer la merci de la Chambre des Pairs, lors du jugement qu'il eut à subir dans cette assemblée, et à se voir dépouillé de toutes ses dignités. Nous serons les premiers à juger sévèrement toutes les taches qui obscurcissent sa vie. Nous savons qu'aux yeux du sage, le génie coupable est encore moins excusable que le vulgaire en défaut; mais nous tiendrons compte de la préoccupation spéculative dont Bacon devait être continuellement accablé. Un homme qui a tant médité sur les sciences, qui y a vu tant de choses, ne devait pas donner une grande attention aux affaires contemporaines. S'il brigua des places, c'était pour acquérir une fortune qui pût le mettre à même de faire les nombreuses expériences qu'exigeait la nature de ses travaux philosophiques.

L'histoire des philosophes nous les montre souvent indifférents au respect et à l'estime de leurs contemporains. Il semble qu'ils ne vivent que pour l'avenir; aussi quelques-uns, entraînés par l'idée dominante du bien qu'ils peuvent faire dans la suite des âges, négligent, et même, avouons-le avec regret, méprisent leur siècle, qu'ils croient indigne de mettre à profit les richesses intellectuelles qu'ils lui ont acquises. Telle est l'histoire de Bacon. Montrons-nous rigides censeurs de ses fautes, mais accordons notre indulgence à l'homme qui nous a enrichis de trésors intellectuels déjà si considérables et qui augmentent chaque jour d'une manière si prodigieuse. Il y a deux hommes dans Bacon : le politique et le philosophe; oublions le premier, mais honorons le second de notre admiration et de nos hommages.

TROISIÈME PARTIE.

Dans cette histoire de la révolution de l'esprit humain opérée par Bacon et Descartes, il doit se présenter à peu près les mêmes circonstances dans la manière dont l'un et l'autre ont commencé leur carrière. Ainsi, Descartes débuta, comme Bacon, et sans qu'il eût connaissance d'aucun des ouvrages de ce philosophe, par s'apercevoir du vide où marchaient les savants depuis tant d'années, de la fausse route où ils s'étaient engagés, et par sentir, comme lui, que, si on suivait les mêmes errements, l'esprit humain ne ferait aucun progrès. Voilà le point de départ de ces deux hommes. Nous ne répéterons pas ce que nous avons dit dans la même occasion à l'article relatif à Bacon; nous suivrons donc seulement ici les travaux de Descartes qui semblent lui appartenir exclusivement par leur nouveauté et l'influence qu'ils ont eue, ce qui nous conduira à le considérer sous divers points de vue. Nous le jugerons comme inventeur d'une méthode naturelle qui a régénéré l'esprit humain, et comme le premier penseur qui ait donné l'exemple de s'en servir dans les différentes études scientifiques, ce qui occasionnera des incursions dans ses travaux mathématiques, physiques et métaphysiques.

Le doute philosophique, cette sage précaution qui veut que lorsque nous procédons à la recherche de la vérité, nous nous dégagions de toute opinion préconçue, de tout motif de désir ou de répulsion, enfin de toute espèce de préjugés, fut méconnu par tous les philosophes qui précédèrent Bacon et Descartes. Aujourd'hui, grâces aux méditations de ces deux grands hommes, le doute est le préliminaire de toute étude, et cette précaution est devenue tellement triviale, qu'elle est rangée par le plus grand nombre au rang des simples idées que suggère le bon sens; on doute qu'une semblable maxime ait pu nécessiter les efforts du génie; on ne tient pas compte de l'état des esprits jusqu'au XVIe siècle, de la puissance de l'habitude qui, depuis des milliers d'années, conduisait les hommes dans un sentier tortueux. Ne sait-on pas d'ailleurs que les plus grandes découvertes finissent par perdre aux yeux du vulgaire leur degré d'importance, quand elles sont mises à sa portée? Le plus obscur nautonnier fait aujourd'hui, sans gloire comme sans efforts, le trajet qui illustra Christophe Colomb. La facilité de ces voyages, à notre époque, peut faire douter au vulgaire du génie et du courage du célèbre navigateur génois; mais la gloire dont il brille est aux yeux du philosophe aussi grande qu'aux jours de son immortelle entreprise.

Descartes, connaissant la nécessité du doute philosophique dans les recherches scientifiques, s'empressa d'en faire, avec quelques principes de logique, un système complet de méthode.

Examinons ce fameux ouvrage qui a décidé des destinées de l'humanité dans ces derniers temps, et faisons avec l'auteur l'historique de sa composition.

Sitôt que Descartes eut achevé les études que l'on faisait alors dans les colléges, il eut le bon esprit de reconnaître que, malgré les succès qu'il avait eus sur ses condisciples, il ne savait pas grand'chose. Dès ce moment, il passe en revue toutes les sciences, et n'en trouve aucune qui ne soit vaine ou peu utile de la manière dont on les cultive. Ces considérations le portent à voyager; il tâche de se guérir de ses préjugés en observant les coutumes des différents peuples. Il croit trouver plus de vérité dans la vie pratique des hommes que dans leur vie méditative. Ce qu'il désirait avec le plus d'ardeur, c'était d'apprendre à distinguer le vrai d'avec le faux, pour voir clair dans ses actions et marcher avec assurance en cette vie. Mais ses voyages lui montrent autant de diversité dans les mœurs des autres hommes que dans les opinions des philosophes. Il apprend ainsi à ne rien croire par l'exemple et par la coutume, ce qui déjà le délivre de beaucoup d'erreurs. Après avoir vécu à l'école et dans le monde, il prend la résolution de s'étudier lui-même. Ce fut dans un quartier d'hiver, en Allemagne, qu'il commença de méditer. D'abord, il vit que, dans les ouvrages intellectuels, l'exécution par un seul homme faisait mieux que le concours de plusieurs; aussi, la science des livres, fruit des méditations d'un grand nombre, ne valait-elle pas, suivant lui, les raisonnements d'un homme de bon sens. Il se résout donc à se dépouiller de toutes ses opinions; et voyant que c'est plutôt la coutume et l'exemple qui nous persuadent qu'aucune connaissance certaine, il marchera lentement comme un homme seul et dans les ténèbres. Mais avant de commencer sa seconde éducation, il voulut se faire une méthode qui fût fondée sur les procédés naturels de l'esprit humain. Il ne répétera pas les mêmes études qu'il a faites au collége, puisqu'elles ne sont propres qu'à expliquer à autrui les choses qu'on sait ou même celles qu'on ne sait pas; de sorte, dit-il, qu'il était aussi difficile d'en faire sortir quelque chose d'utile que de tirer une Diane ou une Minerve d'un bloc de marbre qui n'est point encore ébauché. De toutes les lois de la logique, il n'en conservera que quatre, ayant la ferme résolution de les observer toujours :

1° De ne recevoir pour vrai que ce qu'il connaissait évidemment être tel, c'est-à-dire d'éviter la précipitation, la prévention, etc., etc.;

2° De diviser chacune des difficultés qu'il examinerait en autant de parcelles qu'il se pourrait, pour les mieux résoudre;

3° De conduire par ordre ses pensées, commençant par les plus simples, et de monter par gradation aux composées;

4° De faire des dénombrements entiers et des revues si générales, qu'il fût assuré de ne rien omettre.

Les longues démonstrations des mathématiques lui prouvent qu'avec de l'ordre tout peut se déduire si l'on a soin de commencer comme les géomètres, les arithméticiens ou les algébristes, par les idées les plus simples. Et puisque les mathématiciens avaient seuls jusqu'ici marché avec certitude, il étudiera leur science pour s'habituer à ne se contenter que de l'évidence. Pour connaître cette science, il emprunte tout le meilleur de l'analyse géométrique et de l'algèbre, et corrige les défauts de l'une par l'autre. Il y trouva une telle facilité, qu'aucun problème ne lui échappa. Ce qui le contentait surtout de cette méthode, c'est qu'il concevait plus nettement et plus distinctement les objets qu'il étudiait. Il croyait l'appliquer aux autres sciences avec autant de succès qu'à l'algèbre. Mais comme toutes les sciences partent de la philosophie, il commencera par celle-ci. Cependant, avant de mettre en œuvre son projet, il veut se faire une réserve de doctrine qu'il gardera jusqu'à ce qu'il en ait trouvé d'autres de fondées, et voici les règles morales qu'il se propose : 1° d'obéir aux lois et aux coutumes de son pays, et de ne pas toucher aux idées religieuses qui régnaient ; 2° d'être très ferme en ses actions, et de suivre toute opinion, même douteuse, quand il s'y serait une fois déterminé ; 3° de tâcher plutôt de se vaincre que de vaincre la fortune, et de changer ses désirs plutôt que l'ordre du monde.

Examinant ensuite les occupations des autres hommes, il crut qu'il n'en pourrait avoir de meilleures que de mettre en pratique sa méthode ; car il suffit de bien juger pour bien faire, c'est-à-dire pour acquérir toutes les vertus. Ainsi, après avoir adopté ces maximes et les avoir mises à part avec les dogmes de la religion, il se défait du reste de ses opinions et se remet à voyager durant neuf années, mais en simple spectateur plutôt qu'en auteur, comme il le dit lui-même. Il déracine peu à peu toutes les opinions reçues, non comme les sceptiques qui doutent pour douter, mais au contraire pour mieux connaître ; et tout en détruisant ses erreurs, il faisait des observations, tirait des conclusions justes dont il faisait provision et qui lui servirent depuis à en établir de meilleures. Il employait ses heures de délassement aux mathématiques ou à d'autres théories, qu'il rendait presque semblables aux mathématiques en les détachant des principes des autres sciences qu'il ne trouvait pas assez fermes. Il profita plus, dit-il, ainsi, que s'il n'eût fait que lire ou fréquenter des gens de lettres. Mais neuf ans s'étaient écoulés avant qu'il eût jeté les fondements de cette philosophie nouvelle, et il n'eût osé l'entreprendre si l'on n'eût fait courir le bruit qu'il en était venu à bout. Il s'éloigne donc de tout lieu où il avait des connaissances, afin de vivre solitaire, et accomplir ce que ses amis avaient dit sans son ordre et sans même qu'il leur eût rien avoué.

Qu'on juge de l'importance que mettait Descartes à la découverte d'une bonne méthode d'investigation. Il emploie neuf années à la rechercher, il la trouve; mais avant de la juger bonne et de la dire telle, il essaie devers lui de l'appliquer à quelques détails d'études. Il examine avec scrupule si cette méthode répond aux espérances qu'il a conçues, si elle peut guider sûrement l'esprit humain dans ses recherches. Tous ses essais sont heureux; mais peu content de cette épreuve, il recommence à voyager pour voir si l'opinion qu'il en avait ne changerait pas à la vue des mœurs et des coutumes diverses des différents peuples. Une semblable épreuve avait renversé jadis toutes les vues qu'il avait puisées au collége et dans les livres. Il veut la tenter de nouveau pour sa méthode; et comme celle-ci n'était que l'expression fidèle des procédés qu'indique la nature, ces voyages ne firent que le confirmer dans la bonne idée qu'il s'en était faite auparavant.

C'est ainsi qu'il se prépara à la publication de cette œuvre immortelle; mais pour la rendre plus utile à ses contemporains, il y inséra les sujets principaux des diverses sciences auxquelles il avait appliqué la nouvelle méthode qu'il leur proposa dans ce Traité, il y exprima même toutes les grandes espérances qu'il fondait sur la découverte de cet autre mode d'investigation; aussi ce discours renferme-t-il l'indication de tous les travaux ultérieurs de Descartes.

Mais n'examinons pas les diverses vues qu'il émet dans ce livre; n'oublions pas que nous devons ici nous borner à la simple exposition de sa méthode, puisque nous allons tout à l'heure nous occuper des diverses applications qu'il en fit.

A quoi se réduisent donc les principes de sa méthode? A ces avis : Doutez, examinez longtemps avec attention les objets que vous voulez connaître, et ne vous servez de l'induction qu'après les avoir vus sous toutes leurs faces; en d'autres termes, instruisez-vous avant de juger, observez pour connaître; mais que ces deux opérations se fassent dans la nature et non dans les livres, par la raison seule aidée de vos sens, et non par votre imagination.

Ce chef-d'œuvre philosophique de Descartes ne peut manquer de suggérer d'importantes réflexions. Ce grand homme, qui s'illustra par d'admirables travaux mathématiques, plaçait, au premier rang de ses titres à la renommée, la composition de ce fameux Traité. Il voyait distinctement le bien immense qu'il pouvait faire à la science, en dirigeant les savants dans une bonne voie. Il savait en outre que puisque la philosophie préside à toutes les spéculations intellectuelles, on doit surtout y diriger son attention. Quoiqu'il fût le premier géomètre de son temps, il ne partagea pas le mépris qu'un grand nombre de ses collègues concevaient alors pour la science de l'entendement.

Aujourd'hui même, les mathématiciens ont presque tous sur cette science un préjugé défavorable. Aux yeux de ces injustes critiques, la philosophie idéologique ne serait que l'occupation d'esprits vains et peu solides. Le temps qu'on y emploie serait en pure perte, puisque l'étude de la métaphysique n'aurait aucune réalité ni dans son objet ni dans ses résultats; car c'est ainsi qu'on traite de nos jours cette belle science, créée par Bacon et Descartes, et si bien développée par Locke, Condillac et d'autres illustres penseurs. Ces sarcasmes sont à la fois injustes et dangereux; ils pourraient mettre un obstacle à l'avancement de cette science, car ils ont le plus souvent pour auteurs des hommes dont l'opinion est d'autant plus influente qu'ils se sont illustrés dans l'étude des mathématiques. L'exemple de Descartes, et l'examen comparatif de la puissance des sciences morales et mathématiques, examen qui est tout à l'avantage des premières, comme Descartes l'a si bien senti et exprimé, puisque la philosophie est la source de toutes les connaissances humaines, devraient au moins porter les géomètres exclusifs à réfléchir sur le mépris qu'ils portent à l'idéologie. Que ne considèrent-ils les changements arrivés depuis deux siècles dans la marche de toutes les sciences, même des mathématiques; que n'observent-ils l'amélioration successive et prodigieuse des sociétés humaines? Qu'ils se demandent si ces merveilles ne datent pas de l'époque où deux hommes s'occupèrent avec succès de travaux métaphysiques; et s'ils sont forcés de reconnaître la justesse de cette assertion, qu'ils cessent de dénigrer la science des Bacon et des Descartes; qu'ils l'honorent au contraire de leurs hommages et de leurs respects, car toutes les sciences sont sœurs, elles sont faites pour s'aider et pour s'estimer réciproquement.

Possesseur de ce puissant instrument, Descartes se hâte de l'appliquer à l'étude de la philosophie. Le premier pas qu'il fit dans cette nouvelle carrière fut heureux. Il s'aperçut que de toutes les connaissances de l'homme, une seule est certaine; celle-ci : *Je pense, donc je suis*. En découvrant ce premier fait de la conscience, il posa la première pierre de l'édifice idéologique que tant de siècles s'étaient efforcés de construire et que le sien croyait être achevé. Cette pierre angulaire, cette base éternelle de la philosophie est bien au-dessus de toutes les découvertes des hommes, et les travaux mathématiques de Newton peuvent seuls lui être comparés.

Mais comme s'il n'était donné à l'homme de s'élever que pour retomber aussitôt, Descartes ne tire pas tout le parti qu'il aurait pu de cette découverte importante dans la théorie de l'intelligence humaine. Ce génie sublime qui s'était dégagé avec tant d'audace des liens de l'école y retombe à son insu, et ses subtilités sur l'être imparfait, qui ne peut connaître que par le parfait, des interprétations idéales sur le néant, et de prétendues idées innées sur la connaissance de Dieu et de la spiritualité de l'âme, l'égarent bien au delà des bornes que sa méthode enseigne à ne pas franchir.

Cependant, au milieu des erreurs fondamentales dont ses méditations sont remplies, on reconnaît le génie de Descartes; aussi cet ouvrage est-il justement admiré. Il est remarquable par l'habileté, l'élégance et la clarté avec lesquelles y sont traitées les matières les plus abstraites; qualités que les disciples des doctrines idéales de Descartes n'ont pas imitées. Mais ce qui le distingue dans cet ouvrage, c'est surtout la manière ingénieuse dont il a le premier établi la spiritualité de l'âme humaine, distinction que n'avaient pas su faire aussi clairement les Pères de l'Église dans leurs beaux et nombreux ouvrages de morale religieuse. L'exposition d'une doctrine qui a tant de rapports avec les dogmes du christianisme a trop d'utilité pour que nous négligions de mentionner ce fait tout à la gloire du philosophe français; car il nous prouve que toutes les matières où l'auteur a dirigé ses réflexions se sont accrues de découvertes importantes, ou se sont épurées de notions confuses et erronées. Telles sont les causes des grands applaudissements que reçut ce livre à son apparition. A cette époque, l'idéologie ne comptait d'autres progrès que ceux que lui avait fait faire Descartes. L'idéalisme régnait donc et devait accueillir avec enthousiasme un livre où ses propres doctrines étaient exposées avec autant d'éloquence que de génie.

Les erreurs qui égarent Descartes proviennent du peu de soin qu'il mit à suivre les règles de sa méthode. Partant d'un principe faux, il ne fait qu'errer sur des abstractions. Là, comme l'ont fait après lui tant de philosophes, il conçoit *à priori* une ou plusieurs idées qu'il appelle *innées,* et bâtit sur ces idées un système de métaphysique aussi fragile que les fondements en sont peu solides. Cependant, comme il est de la destinée des grands hommes d'être imités dans leurs erreurs comme dans leurs bonnes choses, Descartes a entraîné par son fatal idéalisme autant de disciples qu'il en a guidé par les excellentes théories de sa méthode. Ces erreurs séduisirent Malebranche, et nous privèrent ainsi des grandes découvertes qu'eût faites cet illustre disciple de Descartes s'il s'en fût tenu aux règles de la méthode de son maître. Aussi se trouve-t-il malheureusement le point de départ de deux philosophies aussi diverses dans leurs moyens de procéder que dans le but qu'elles se proposent. La première est cette sage théorie créée par notre auteur dans son Traité sur la manière de chercher la vérité, théorie qui s'est accrue des beaux et profonds ouvrages de Locke, Condillac, Garat et Laromiguière. La seconde, basée sur les erreurs philosophiques que Descartes consigna dans ses méditations, et continuée par quelques rêveurs des contrées septentrionales de l'Europe, est aussi obscure qu'idéale; et tandis que l'une montre avec orgueil une foule de sciences qu'elle a perfectionnées et un aussi grand nombre auxquelles elle a donné le jour, l'autre, loin de connaître le vice de sa nature et la stérilité dont elle est frappée, cherche à s'emparer de toutes ces brillantes spéculations, filles de sa rivale, et veut qu'elles se mettent sous sa protection. Fatale bienveillance : si elles se mettaient jamais sous son patronage, la civilisation serait entravée, arrêtée dans sa marche, les masses ne pourraient s'éclairer, et les nations ne resteraient pas même stationnaires; elles reculeraient, et n'offriraient que le hideux tableau d'une race dégénérée. Avouons-le, cependant, si tant de bienfaits sont dus à la philosophie expérimentale, la métaphysique vicieuse qui lui est opposée semble prête à la détrôner. Le monde européen, et surtout la France, qui fut jadis la terre classique de la bonne philosophie comme de la bonne littérature, semble fatiguée de suivre la voie de l'expérience. Aux yeux des nouveaux penseurs, la doctrine de l'observation est trop sèche, trop sévère; elle est sans attraits. Insensés, qui ne voient pas que la vérité brille par la simplicité; que les seules sources du beau sont le vrai et l'utile, et que désormais le triomphe de l'imagination ne sera possible que lorsque celle-ci s'appuiera sur la raison.

Après avoir exploré le monde intellectuel, Descartes veut connaître le monde physique; et s'apercevant que tout ce qui frappe nos sens est susceptible de plus ou de moins, il conçoit aussitôt l'importance des sciences mathématiques et s'y donne avec ardeur. Dans cette nouvelle carrière il va montrer le même génie, et rendre à la géométrie de plus grands services qu'à la philosophie intellectuelle. En effet, il se place bientôt à la tête des géomètres ses contemporains. En vain Fermat et Roberval voulurent lui disputer cette palme; il les laissa bien loin derrière lui, et se vengea de leurs insultes et de leurs jalousies par de nouvelles découvertes qui témoignaient hautement de sa supériorité. Les questions qui occupaient le plus ces grands géomètres ne lui coûtaient, pour la plupart, qu'une médiocre attention. Il réunit comme Platon la connaissance de la philosophie et des mathématiques On sait la révolution heureuse que fit éprouver le disciple de Socrate à la géométrie ancienne en inventant l'analyse. Descartes opéra de même un changement très important dans la géométrie, en l'unissant par une alliance étroite à l'analyse algébrique, et la rendit ainsi apte à expliquer une foule de questions que les mathématiciens n'avaient pu atteindre jusqu'alors. Aussi est-ce avec raison qu'on rappelle qu'il ouvrit la marche des découvertes à Newton et à Leibnitz, comme Platon l'avait ouverte à Archimède et à Apollonius.

Nous lui devons l'ingénieuse méthode d'écrire les puissances avec leurs exposants numériques, simplification qui abrège, comme on sait, considérablement les calculs de l'algèbre. Il connut le premier la nature et l'usage des racines négatives, et indiqua la manière d'en tirer un puissant parti. Il trouva le moyen de déterminer le nombre des racines réelles positives et négatives d'une équation, d'après l'ordre qu'ont entre eux les signes des termes qui la composent. Il trouva la méthode des indéterminées qui consiste à supposer une équation avec des coëfficients indéterminés, dont on fixe ensuite la valeur par la comparaison de ses termes avec ceux d'une autre qui lui doit être égale.

Mais la plus admirable de ses découvertes, c'est l'application qu'il fit de l'algèbre à la géométrie des courbes et des fonctions variables, l'une des branches les plus fécondes des mathématiques. Il démontra dans une lettre au Père Marsenne le rapport de la cycloïde à son cercle générateur. C'est à l'époque de la fameuse découverte de Roberval sur les cycloïdes de toute espèce que Descartes trouva les tangentes de la cycloïde, problème dont son rival s'occupait vainement depuis longtemps. A cette occasion, il défia Fermat et Roberval; car alors les académies n'étant pas instituées, les communications des savants entre eux ne se faisaient qu'au moyen de correspondances privées, et, comme ce commerce épistolaire les exposait à se voir dérober leurs découvertes, dès qu'un d'eux en avait fait une, il s'empressait de proposer à ses collègues les problèmes qui s'y rapportaient; lorsqu'il était bien établi que la question restait sans réponse, l'inventeur retirait seul la gloire qui lui était due.

Il était dans la destinée de Descartes d'être en butte à des tribulations de tout genre. Si l'on attaqua le philosophe, le mathématicien ne fut pas épargné. C'est ainsi qu'on lui disputa la priorité de l'invention de sa loi de la réfraction. On prétendit qu'il la devait à Snellius, et on lui accordait seulement le faible mérite de l'avoir le premier exposée avec méthode et clarté dans sa dioptrique. Aussi ces luttes continuelles le mirent-elles quelquefois dans des positions difficiles qui lui firent perdre sa résignation habituelle. C'est ainsi qu'à la suite de tracasseries de ce genre, il prit le parti d'exposer avec obscurité ses découvertes mathématiques, afin d'arracher à ses rivaux l'aveu de sa supériorité; car ceux-ci poussaient l'injustice jusqu'au point de trouver dans la manière simple dont il exposait ses théories, un motif d'en déprécier l'importance et la difficulté. Il faut convenir que ce moyen lui réussit pour augmenter sa renommée; mais aux yeux de l'équitable histoire, qui juge avec impartialité les philosophes comme les rois, ce sacrifice à la vanité est un juste sujet de blâme. Car les savants doivent se proposer autant de populariser les sciences que de les agrandir.

Descartes prit part à l'importante découverte de la pesanteur de l'air; il enseigna, d'une manière développée, les lois du mouvement, mais il ne parvint pas à trouver celle du choc des corps et de la communication du mouvement. C'est à la Société royale de Londres et aux savants Willis, Wren et Huyghens qu'on est redevable de cette théorie si féconde en beaux résultats.

On lui doit encore une explication complète de l'arc-en-ciel qu'il donna dans son Traité des météores, et qu'Antoine de Dominis, cette célèbre victime de l'inquisition, n'avait fait qu'ébaucher. L'exposition exacte de ce phénomène place Descartes à la tête des plus illustres physiciens.

Ce philosophe, qui devait être plus tard le chef d'une école et d'une secte prépondérante, trouva des adversaires inflexibles jusque dans ses travaux géométriques, quoique les mathématiques soient mises, et, à juste titre, au premier rang des sciences exactes; ce qui arriva à Descartes nous prouve que les préjugés peuvent aussi y régner. De Beaune fut le seul français qui prit la défense de Descartes dans les premières années de la publication de ses travaux mathématiques. Avec lui, des étrangers, jeunes encore, mais qui plus tard jetèrent un vif éclat sur la scène du monde savant, suivirent ce noble et courageux exemple. Schultens, Huyghens, Witt de Hudde, Van-Heuraet, Shise, méprisèrent l'absurde obstination des vieux géomètres qui fermaient les yeux à la lumière et traitaient la vérité en ennemie, en niant, sans daigner l'examiner, l'exactitude du travail mathématique de Descartes. Ici, qu'il nous soit permis, tout en protestant de notre respect pour la vieillesse, d'observer que les trois révolutions principales de l'esprit humain, telles que la défaite de l'Aristotelisme, l'adoption des systèmes de Descartes, et plus tard celle du système de Newton, eurent toutes pour défenseurs de jeunes hommes qui, n'ayant pas passé de longues années dans la pratique des préjugés, adoptèrent avec faveur les idées nouvelles, et montrèrent, dans ces circonstances, un dévouement d'autant plus honorable qu'il prenait sa source dans l'amour de la vérité.

Maître des sciences mathématiques qu'il a rendues plus puissantes par les découvertes dont il les a accrues, Descartes étudie l'univers et bientôt il en expose la structure et le jeu. Ce système du monde remplaça une hypothèse par une hypothèse plus ingénieuse, mais ne rendit d'autre service à la science que celui de présenter un système où régnait la clarté et la simplicité, qualités que n'avait pas celui qui était adopté dans les écoles de son siècle. Suivant lui, le monde est plein; avec de la matière et du mouvement, il crée tout ce que nous voyons. La matière se meut ; en se mouvant elle s'écorne et forme trois espèces d'éléments : le premier est une matière subtile formant le soleil et les étoiles fixes ; le second est la lumière ; le troisième, formé des débris les plus grossiers, constitue les planètes. Des hommes du plus grand mérite, comme Fontenelle, crurent à la réalité de ce roman physique. On remarque que les femmes surtout adoptèrent avec enthousiasme une théorie qui les mettait à même de connaître en très peu de temps et sans beaucoup de fatigue la composition et le jeu de l'univers. Descartes nous apprend, dans une de ses lettres, qu'il ne donnait pas son ouvrage comme l'exacte description du monde, mais comme un essai pour enseigner à ses contemporains, ou à ses neveux, la manière de parvenir à l'explication de cette grande œuvre de Dieu. Il y appliqua les lois de la mécanique, et comme elles n'étaient pas complétement connues, il ne pouvait atteindre le but qu'il s'était proposé. Mais l'exemple qu'il donna fut suivi par le grand Newton, et le voile dont la nature s'était couverte depuis la création fut enfin déchiré.

Son traité de l'homme pèche par les mêmes défauts que celui de l'univers, mais on y admire la sagacité avec laquelle il se sert des notions scientifiques de son époque pour expliquer l'être le plus intéressant de la terre. Il l'étudia sous les trois points de vue, de la mécanique, de la vie et de la pensée, et cette manière de décomposer l'homme en partie physique, organique et pensante, donna plus tard à Condillac l'idée de le considérer sous les cinq degrés d'intelligence qu'il pourrait présenter successivement, si, ne possédant aucun sens, il les recevait ensuite un à un. Voilà comment le génie inspire le génie.

Descartes s'est montré dans ses ouvrages, et surtout dans sa méthode, aussi grand écrivain que grand philosophe. Il est à remarquer que son fameux discours fit révolution parmi

les gens de lettres; aussi devons-nous le mettre au rang de
ceux qui fixèrent notre langue. L'académie indiqua le style
de ce fameux traité comme un modèle de pureté et de correction, et le cita dans le dictionnaire qu'elle publia : Balzac,
à qui notre prose doit tant d'obligation, cultiva l'amitié de
Descartes et le reconnut son rival en littérature. La corres-
pondance de ce philosophe est un des monuments les plus
curieux sous le rapport du style et de la pensée; il faut la
lire pour se faire une idée de l'étendue et de la flexibilité de
son génie. On éprouve je ne sais quelle admiration en lisant
ses ouvrages. Un ton d'inspiration, qui naît du sujet, vous
charme et vous transporte. On dirait une de ces statues antiques, où tout respire la divinité, quoiqu'elle soit l'ouvrage
d'un homme. Ces livres sont parés, d'ailleurs, d'une morale
sublime. Pour lui, la vérité est tout, la trouver est la fin qu'il
se propose, la chercher, sa volupté; sa vie fut celle d'un sage.
Après de nombreux voyages, il choisit pour retraite un pays
libre, croyant pouvoir y méditer paisiblement; mais l'intolé-
rance, qui pénètre partout, trouva les moyens de persécuter
notre illustre compatriote. Les tribulations que le recteur
Voët lui fit éprouver amènent de tristes réflexions. Il est
cruel de penser que celui qui se propose dans ses travaux le
bonheur des hommes, expie presque toujours par les persécutions de ses contemporains le bien qu'il voulait leur faire.
Au milieu des dogmes absurdes du paganisme, un sage,
l'honneur de l'humanité, parvient, par la seule force de la
raison et la droiture de son cœur, à concevoir l'idée raison-
nable de l'unité de Dieu; aussitôt des assassins, qui ont dans
leurs mains la force publique, le punissent par une mort
violente de l'hommage qu'il rendait à la divinité; ils motivent
même sa condamnation sur le délit d'impiété. Descartes eut
le même honneur que Socrate; il se trouva des Anitus qui
voulaient le faire se repentir grièvement d'avoir présenté les

meilleures preuves de l'existence d'un être suprême et de la spiritualité de l'âme; heureusement que sa patrie, loin d'imiter la conduite odieuse de la Grèce à l'égard de Socrate, ne participa pas à ses infâmes vexations, elle l'en défendit même puissamment. Descartes échappa donc aux attaques du fanatisme, grâce aux sollicitations de la France et aux offres généreuses qu'une illustre reine lui fit. Mais les propositions honorables de cette reine, qu'il accepta, hâtèrent sa mort. Ainsi le chancelier Voët est responsable de la mort prématurée de ce grand homme; car, celui dont la maxime était de ne pas changer sa liberté contre tout l'or des rois, n'eût pas quitté sa solitude pour aller vivre dans une cour; il est vrai qu'alors le vœu de Platon s'était réalisé, ce n'était pas Denis qui régnait, Christine était reine.

C'était une idée bien digne du sage biographe de Chéronée que les parallèles de ces grands hommes de l'antiquité, qu'il citait deux à deux à son équitable et intéressant tribunal. Le procès qu'il leur fait nous en apprend plus sur leur vie et sur leurs actions que leur histoire elle-même. Que doit-ce donc être que le parallèle de deux grands philosophes, de Bacon et de Descartes? Combien n'est-il pas curieux de les voir naître tous deux au milieu de la barbarie de la scolastique, et tous deux, nouveaux Hercules, étouffer ce monstre dès leur berceau! De les voir mépriser les clameurs des ignorants et des hommes intéressés par état à les arrêter dans leur vol; tous deux se dégager de l'influence des grandes réputations de l'antiquité, et chacun se dire : Depuis trois mille ans l'homme suit une fausse route, je vais lui indiquer la bonne voie. Enfin, de les voir en butte à la persécution, l'un à cause de ses doctrines, et ce fut le philosophe français, l'autre par sa vie politique, bien moins pure, comme nous l'avons vu malheureusement, que sa vie spéculative. Qu'il est beau de les voir découvrir une méthode philosophique féconde en ré-

volutions heureuses dans le monde intellectuel, et arriver à
ce même résultat sans se communiquer leurs vues. Ils trou-
vèrent la véritable marche que doivent suivre les sciences,
comme Newton et Leibnitz inventèrent chacun l'admirable
théorie du calcul différentiel. Une grande différence, cependant, les sépare dans la manière d'exécuter leur plan. Descartes, après avoir trouvé la méthode, passa sa vie à l'appliquer.
Toutes les fois qu'il suivit rigoureusement ce qu'elle lui
prescrivait, il fit de grandes découvertes. De là naquirent
entre ses mains la simplification de l'algèbre; l'application
de cette science à la géométrie, sa dioptrique et la résolution
de tant de problèmes mathématiques importants. Mais si la
science lui est redevable de ces grands progrès, fruit, comme
il nous l'apprend lui-même, de l'infaillibilité de sa logique,
il quitta trop souvent cet excellent guide; il ne mit pas à
profit ce précepte de Bacon, expression exacte de la philosophie de ces deux penseurs, que ce ne sont pas des aîles, mais
du plomb qu'il faut prêter au génie humain. De là aussi ces
méditations métaphysiques, livre plein d'erreurs idéologiques,
telles que les idées innées et d'autres hypothèses erronées;
son explication de l'univers, idée grande et sublime comme
tout ce qui sortait de Descartes, mais dont l'exécution est
loin de répondre au sujet. De là, enfin, son traité sur l'homme,
où ses erreurs métaphysiques lui font outre-passer les bornes
d'une saine physique. Bacon même appliqua peu sa méthode ;
disons même qu'étant dépourvu de connaissances mathématiques étendues, il eût été incapable d'agrandir cette partie
des connaissances humaines; mais il ne cessa d'indiquer
comment on devait l'appliquer, et par les exemples qu'il
fournit, les conseils qu'il donne, il n'égare jamais son lecteur;
au contraire, il le mène pas à pas dans un sentier qu'il a eu
soin de battre auparavant. Cette manière de procéder est si
utile, si excellente, que Bacon, sans s'en douter, a sinon

découvert, du moins fortement soupçonné la théorie de la gravitation, cette base éternelle du système du monde, et dont l'exposition, appuyée de preuves, a placé Newton bien au-dessus des plus grands mortels. Si nous voulons passer en revue leurs qualités respectives, nous verrons chez ces deux hommes des choses à blâmer, d'autres à louer; c'est ainsi que leurs ouvrages, examinés du point de vue littéraire, placent Descartes au rang des premiers écrivains de sa nation, et rangent Bacon bien au-dessous de cette place honorable. En mathématiques on ne peut louer Newton sans songer à Descartes, tandis que Bacon n'a rendu aucun service à cette science. Tous deux, du reste, tâchèrent de se mettre au niveau des connaissances de leur temps, sachant bien que les sciences se tiennent et qu'on ne peut en posséder une parfaitement sans en connaître plusieurs autres. Quant au caractère moral de ces deux hommes, si quelque honte rejaillit sur Bacon, Descartes brille d'une gloire sans tache; il réunit tous les attributs du juste. Il fut bon fils, aima sa patrie et l'humanité, et honora l'une et l'autre par sa conduite et par ses travaux. Il nous reste à considérer la sensation qu'ils firent de leur vivant. Chose singulière, l'influence de Bacon, qui devait être si grande dans la suite, fut nulle pendant sa vie : celle de Descartes fut européenne; les hommes comme les femmes, les docteurs comme les gens sans beaucoup de lettres, embrassèrent avec chaleur ses théories nouvelles, au moins pendant les derniers temps de sa vie. Une reine l'appela vers elle, non pour l'accueillir comme protectrice, mais pour être son disciple, détermination aussi honorable pour la philosophie que pour la royauté; car la grandeur ne mérite réellement ce nom que lorsqu'elle s'associe au sublime de l'intelligence.

On voit que la gloire accompagne Descartes à son tombeau. Bacon, au contraire, mourut dans l'oubli des savants et le

mépris des gens de bien. Punition sévère qui peut expier
peut-être les torts de ce grand homme.

QUATRIÈME PARTIE.

Nous voici enfin amenés à exposer l'influence qu'exercèrent Bacon et Descartes sur les générations qui les
suivirent; mais avant d'en dérouler le tableau, nous croyons
devoir présenter un résumé succinct de leurs vues les plus
essentielles, et autour desquelles toutes les autres viennent
se grouper, de ces pensées enfin qu'ils parvinrent à mettre
en circulation dans l'empire de la philosophie, et qui pro-
duisirent bientôt une civilisation nouvelle en changeant la
face des sciences.

Lorsqu'on réfléchit à l'immensité de la révolution qu'elles
ont opérée, et qu'on vient ensuite à considérer le petit nombre
de ces pensées, quelle haute idée ne doit-on pas se faire de ces
maximes, qu'on peut cependant réduire aux deux ou trois
suivantes : il est un art de créer les sciences soumises à des
lois fixes et sûres, son application finit toujours par donner
des résultats certains, la carrière des découvertes n'est plus
fermée à personne. Guidés par des notions approfondies de
cet art des arts, les esprits ordinaires osent franchir les
limites qui semblaient les circonscrire dans l'unique étude
de ce qui est connu, ils peuvent s'y livrer avec succès; il ne
leur sera plus donné de s'enorgueillir de cet avantage, qu'un
homme qui sentait l'impossibilité de tracer une ligne droite
ou un cercle parfait avec la main seule, ne pourrait tirer
vanité de venir à bout de son entreprise à l'aide d'une règle
ou d'un compas. La conséquence d'un tel ordre de chose
sera de niveler pour ainsi dire toutes les intelligences, et de
laisser fort peu de supériorité au génie, lequel n'est peut-être
que le produit d'une plus grande habileté dans l'emploi de la

méthode, jointe à la toute-puissance de la continuité d'action et à une patience infatigable.

La découverte de la vérité et son exposition forment le double objet de cet art merveilleux appelé *méthode.*

C'est par l'observation et l'expérience dont la réunion constitue l'analyse, qu'on parvient à trouver la vérité.

Le travail qui a pour but la recherche des causes est hérissé des difficultés les plus épineuses, et toutes les erreurs qui obscurcissent les connaissances humaines y remontent comme à leur source unique. Aussi le précepte le plus important de la marche analytique et qui aplanit réellement tous les obstacles, consiste-t-il à n'admettre jamais pour principe un fait matériel observable sous.toutes ses faces; car une science n'est autre chose qu'une vaste collection de phénomènes enchaînés ensemble et dépendants d'*un fait primitif,* lequel est le générateur de tous les autres.

Quant à la communication de la vérité, elle doit se faire en suivant la même route que l'inventeur, et il n'est pas de meilleur moyen, pour initier dans ses secrets les esprits qui l'ignorent, que de les faire repasser dans les sentiers parcourus à son origine par l'investigation, afin qu'ils parviennent successivement à surmonter les mêmes obstacles qu'elle a eus à vaincre, et cela dans l'ordre où ils se sont présentés à elle.

La synthèse, relativement aux deux problèmes que résout la méthode, procède d'une manière absolument opposée : elle s'élève à la connaissance des causes par des suppositions arbitraires, et expose la vérité en partant des derniers résultats obtenus par la science pour remonter ensuite aux premières idées.

A l'époque de l'apparition de Bacon et de Descartes, la synthèse régnait despotiquement. Ces deux grands hommes sentirent tout ce qu'elle avait de vicieux. Leurs travaux les plus remarquables furent dirigés contre elle ; ils l'ébranlèrent, la détruisirent, et finirent enfin par faire entendre à leur siècle et surtout à la postérité, qu'on n'arrivera jamais à des découvertes réelles que par la voie expérimentale.

Dans des temps plus rapprochés de nous, le philosophe qui a porté le plus loin la science de l'entendement, Condillac, dans son immortel *Traité des systèmes,* reprenant cette question dans son véritable principe, a achevé de démontrer, par d'admirables et profondes observations sur la nature même de nos moyens de connaître, que la source de toutes les erreurs de l'Antiquité et du Moyen Age se trouvait dans les hypothèses et les abstractions.

De nos jours, le monde savant adopte universellement ces principes. On doit les regarder comme la cause unique des mouvements qui s'y observent. Tout ce qui s'en écarte ne peut être admis, et il suffit de découvrir les moindres traces de la marche hypothétique dans une production quelconque pour qu'aussitôt on la rejette avec dédain et sans examen sérieux. Si on ignore ces principes, c'est en vain qu'on voudra se rendre compte des pensées secrètes qui guidaient dans leurs investigations les grands philosophes, les naturalistes célèbres et les physiciens supérieurs. En un mot, tout repose sur eux ; ils forment réellement la législation constitutionnelle de la république des lettres, et on les trouve gravés en caractères d'or sur le frontispice du temple des sciences.

Toutefois, ces idées avaient été précédées de progrès marquants dans une des branches des sciences exactes. L'astronomie, cultivée au milieu même des ténèbres du Moyen Age, pour fournir des applications à l'astrologie, s'enrichit de grandes découvertes à l'époque de la renaissance des lettres. Purbach, Muller ou Regiomontanus ayant fait sentir la nécessité des observations pour s'assurer de l'exactitude d'une théorie quelconque, Copernic marche à pas de géant dans cette nouvelle direction. Rebuté du désaccord qu'on remarque entre les phénomènes et l'hypothèse de Ptolémée, frappé en même temps de quelques passages de ses lectures relatifs à une ancienne opinion de Pythagore, puisée probablement par ce philosophe chez les prêtres égyptiens, il conçoit le véritable système optique du monde : les planètes, et la terre exécutant une révolution sur son axe, décrivant des mouvements circulaires autour du soleil placé au centre. Mais la crainte des persécutions, et surtout le désir de vérifier toutes les conditions de son système, lui firent tenir secrètes ses idées pendant trente-six ans; et fort heureusement pour lui, il ne fut pas témoin des anathèmes dont le frappèrent les théologiens, car son livre ne parut que la veille de sa mort.

Quelle est la forme des orbes parcourus par les corps célestes? La résolution de ce problème immortalisa Kepler. Entraîné d'abord à des spéculations imaginaires, Ticho-Brahé rappelle à une marche plus sévère le jeune astronome, qui profite enfin des avis que son maître n'avait pas toujours mis en pratique. A la suite de tâtonnements qui étaient faits pour lasser la patience la plus robuste, après avoir recommencé jusqu'à soixante fois les mêmes calculs et les mêmes expériences, il parvient à découvrir dans sa théorie de Mars la courbe que décrit cette planète, et démontre, en généralisant son observation, que tous les orbites des corps célestes sont des ellipses dont le soleil occupe un des foyers.

L'histoire des sciences physiques nous offre un peu plus tard, dans les recherches de Galilée, une ère bien remarquable à cause de l'impulsion que ces recherches communiquèrent à toutes les connaissances naturelles. Cet habile observateur commença par perfectionner plusieurs parties de la mécanique. Le balancement d'une lampe, fixée à la voûte d'une église, lui fait voir que les oscillations du pendule sont isochrones, et il imagine aussitôt les plus beaux usages de cet instrument, qui mesure avec une précision si rigoureuse les variétés de la pesanteur dans les différentes régions de notre globe. Ses expériences, faites du haut de la tour de Saint-Marc à Venise, lui révèlent les lois de l'accélération de la chute des graves qui, dans le vide, tomberaient tous également vite, quelle que fût l'inégalité de leur volume et de leur densité. A la simple annonce de l'invention du télescope en Hollande, guidé par ce qu'il connaissait déjà sur la réfraction de la lumière, il en construit un très supérieur. Aussitôt il le dirige vers les cieux, et dans un espace de temps très court, il fait plus d'observations astronomiques que l'antiquité tout entière. Il découvre les quatre satellites de Jupiter et les phases de Vénus. Il aperçoit la surface de la lune hérissée de hautes montagnes et creusées de vallées profondes; les taches mobiles sur le disque du soleil lui fournissent le moyen de déterminer le temps pendant lequel cet astre exécute son mouvement de rotation sur lui-même. Il entrevoit confusément l'anneau de Saturne, dont plus tard Hugghens fait connaître la véritable forme. Enfin, le ciel lui apparaît parsemé d'innombrables étoiles dont on ne peut se faire une idée à l'œil nu. Mais les hautes pensées que durent lui inspirer sur la constitution de l'univers de telles découvertes, lui attirèrent la persécution des Aristoteliciens et des catholiques. De même que Copernic avait été joué publiquement, Galilée est attaqué en chaire par des prédicateurs fanatiques.

L'Inquisition déclare hétérodoxes les opinions du chanoine de Thorn, si bien défendues par l'astronome italien. Galilée est cité devant cet odieux tribunal, qui lui défend de s'occuper de ses études chéries. Malgré les haines déchaînées contre lui par la superstition, il ose de nouveau exposer ses découvertes dans des dialogues remarquables sous le rapport littéraire. Le Saint-Office le fait comparaître une seconde fois, l'oblige à se rétracter à genoux devant des moines dominicains, le condamne à la prison perpétuelle en le menaçant de la peine de relaps, et malgré les protections du grand duc de Toscane, cette odieuse institution tourmente jusqu'à la fin de ses jours un vieillard vénérable qui s'était acquis à tant de titres l'admiration et la reconnaissance des hommes pour les vérités qu'il leur avait enseignées.

Un physicien célèbre, qui occupe de nos jours un des premiers rangs dans l'Europe savante, soutient, en s'appuyant d'une assertion de Hume, que c'est à tort qu'on considère Bacon comme le fondateur de l'art d'interroger la nature par la voie expérimentale, et que Galilée en est le véritable père. « L'honneur d'avoir trouvé la méthode analytique, dit-il, appartient à Galilée et non à Bacon, comme on le lui a souvent attribué. » Qu'il nous soit permis de protester contre une pareille opinion, et de revendiquer cette gloire pour l'immortel auteur du *Novum organum*. Ne confondons pas le mérite du savant qui découvre les lois des phénomènes de la nature, avec le mérite du philosophe qui crée des méthodes et ouvre de nouvelles carrières. Sans doute Galilée, guidé par un instinct admirable qui l'empêchait de s'écarter de la bonne route, a fait de véritables découvertes; mais le métaphysicien a exposé les caractères de la marche qu'il a suivie et a fait voir pourquoi. Cette marche l'a conduit à la vérité. Dès lors, tout le monde a pu s'y engager avec connaissance de cause. De même que la critique a été précédée de grandes productions littéraires, de même la méthode ne pouvait naître qu'après des découvertes réelles, puisqu'elle n'est que la généralisation des procédés suivis dans les recherches qui ont eu d'heureux résultats; aussi les travaux de Copernic, de Kepler, de Galilée, ont-ils devancé les ouvrages philosophiques de Bacon et de Descartes. Jusques à ces deux grands hommes, on s'était contenté d'éclairer faiblement quelques parties des connaissances humaines ; mais ils parurent, et de leurs bras puissants ils élevèrent un immense flambeau qui répandit sur leur vaste ensemble d'innombrables gerbes de lumière. Les grands progrès que nous venons de voir faire à l'astronomie n'étaient, pour ainsi dire, que les préliminaires de découvertes bien supérieures : ils seront les fondements sur lesquels Newton va élever un édifice presque surhumain. Ce grand homme naquit l'année même de la mort de Galilée. Sa jeunesse est marquée par les plus grandes découvertes mathématiques. Le binôme qui porte son nom et le calcul des fluxions sont trouvés par lui à vingt-trois ans. Toutefois, il ne les communique à personne, pas même à son maître Baraw. Il les met en réserve pour les appliquer aux phénomènes physiques qui étaient depuis longtemps l'objet de ses plus profondes méditations. Bientôt, en ayant soin de soumettre ses idées à la voie expérimentale la plus sévère, il fait faire d'étonnants progrès à la théorie de la lumière. Chassé par la peste de Cambridge où il était professeur, il se retire dans son domaine de Wolstorp, et là, s'abandonnant tout entier à sa passion pour l'étude des phénomènes de la nature, la chute des fruits d'un arbre, au pied duquel il était assis, lui rappelle probablement l'opinion de Bacon sur cette singulière cause qui sollicite tous les corps à graviter vers le centre de la terre. Il conçoit subitement les lois de ces deux forces angulaires, l'une d'attraction et l'autre de projection, qui régissent tous les mouvements des astres. Mais c'est ici qu'on admire combien ce philosophe supérieur savait soumettre son génie au frein de la méthode analytique. Poursuivant avec ardeur sa nouvelle conception, il l'applique d'abord aux apparences différentes de la lune. Mais les données sur lesquelles reposaient ses calculs étant inexactes, elles amenèrent une évaluation qui offrait un léger désaccord avec les faits. Ce n'est que douze ans après, qu'ayant trouvé dans les recherches astronomiques de Picard des observations plus justes, il reconnut la cause de l'erreur qui l'avait arrêté; il se remit avec une ardeur nouvelle à poursuivre sa première idée. Il en saisit bientôt la généralité. Dès lors, les véritables lois du système du monde sont connues; l'influence des différents corps célestes les uns sur les autres, leurs formes, leurs masses, tout, jusqu'à leurs derniers éléments, est déterminé avec la dernière rigueur. Les causes détaillées des plus légères circonstances, telles que la précession des équinoxes, le soulèvement des eaux de l'Océan, sont appréciées *à priori*, et la marche suivie dans cette sublime carrière offre un tel caractère d'exactitude que, si la théorie présentait quelque discordance, il était facile de prédire qu'on parviendrait, dans l'avenir, à les faire disparaître. Aussi, les exceptions les plus rebelles sont-elles devenues de nouvelles preuves de la généralité de ces lois admirables. C'est ce qui a été opéré de nos jours par l'illustre auteur de la mécanique céleste, dont la France et le monde savant pleurent la perte récente.

Ces progrès gigantesques, qui donnent une si haute idée des facultés de l'homme et de sa dignité, sont évidemment le résultat de l'influence exercée sur le génie de Newton par nos deux philosophes. Les recherches mathématiques ont pour point de départ les perfectionnements introduits par Descartes dans cette science. Et, quant à la marche expérimentale dont il connaissait si bien tous les secrets, il les puisa précisément dans le *Novum organum*. Ce fut même le caractère analytique dont toutes ses conceptions sont profonfondément empreintes, qui empêcha son siècle, qui commençait à peine à se dégager des ténèbres de la synthèse, de les apprécier. On l'accabla de mille tracasseries qui troublèrent son repos. On lui faisait des objections tirées des hypothèses régnantes. Newton avait beau protester qu'il ne se proposait pas d'attaquer ou d'établir aucun système, mais seulement de déduire d'après l'expérience les lois de faits profondément observés. Ces vues étaient trop philosophiques pour qu'elles pussent être comprises de ses concitoyens, dont, d'ailleurs, ses grandes théories dépassaient tellement la portée, qu'à l'époque de leur publication on comptait à peine en Europe quatre personnes capables de les suivre. Mais peu à peu les savants se sont élevés jusqu'à elles, et, en se répandant, ces théories ont fait pénétrer dans toutes les têtes une véritable idée des procédés analytiques. Ainsi s'est réalisé ce vœu formé par Bacon, pour que de grandes découvertes opérées par la méthode d'observation la fissent connaître dans son esprit et dans ses usages. Dès ce moment, cette méthode a été comprise et adoptée; la véritable métaphysique des sciences a pénétré partout, on l'a appliquée à toutes les parties des connaissances humaines. La grande *rénovation* s'est enfin effectuée. Les sciences se sont enrichies de perfectionnements extraordinaires, et il suffit, pour s'en convaincre, de jeter un coup d'œil rapide sur leurs branches diverses.

La physique, si longtemps retenue dans l'enfance par les hypothèses du péripatétisme, est enfin soustraite à l'empire des causes occultes. La pesanteur de l'air est découverte en Italie et vérifiée par les premières observations barométriques, faites sur le sommet du Puy-de-Dôme. Un bourgmestre de Magdebourg, Otto de Guericke, invente la machine pneumatique, et l'influence de l'atmosphère sur les phénomènes des corps bruts ou organisés est déterminée dans ses innombrables détails. L'académie de Florence porte son attention sur la compressibilité des liquides, et elle arrive à des principes que les recherches toutes récentes de Faradey ont enfin rectifiées.

C'est surtout à l'application du calcul que la physique doit ses plus beaux développements. Bacon les avait prédits de la manière la plus claire et la plus frappante. On verra, dit-il, que l'expression mathématique des lois de la nature indiquera des expériences qui grandiront le champ des phénomènes connus, et la nécessité de soumettre aux formules des faits nouveaux, forcera les géomètres à perfectionner les mathématiques. C'est ainsi que les appuis réciproques que se prêtent ces deux sciences, tournent à l'avantage de l'une et de l'autre.

Dans des temps plus rapprochés de nous, la physique dirige toute son activité vers les fluides impondérables.

L'électricité étudiée pour la première fois par Gilbert, contemporain de l'auteur du *Novum organum,* reçoit peu à peu de vastes accroissements. Coulomb, par son ingénieuse balance de torsion, parvient à déterminer les lois des attractions à petite distance. Un heureux hasard indique à Galvani un mode particulier d'électricité. On pense d'abord qu'il s'agit d'un fluide nouveau exclusivement propre aux êtres organisés, et déjà les physiologistes se croient au moment de répandre de vives lumières sur le principe mystérieux de la vitalité. Mais le génie de Volta, partant de ces faits, s'élève à la plus grande découverte du siècle présent. Il trouve la véritable origine de ce fluide dans le contact de deux corps hétérogènes, et la construction d'un appareil dont la puissance s'étend sur la nature entière est le résultat de cette belle idée. Oested et Ampère font naître une science nouvelle en s'occupant de l'action des conducteurs les uns sur les autres ; le calorique, l'électricité, le galvanisme, la lumière, le magnétisme, qu'on regarda si longtemps comme des fluides séparés et distincts, ne sont considérés, à la suite de tant de savantes investigations, que comme un seul agent dont la force contrebalance dans la nature le principe de la pesanteur universelle. Franklin, Leslie, Rumford, Arago, Wolaston acquièrent une réputation européenne, par des travaux dont l'ensemble fait concevoir les plus hautes espérances pour l'avancement de l'humanité tout entière. Il semble que l'homme est, pour ainsi dire, sur le point d'atteindre des notions capables d'opérer d'immenses révolutions dans le système des connaissances naturelles et dans l'ordre social, par le perfectionnement des moyens d'agir sur la nature.

Depuis que la chimie a été soumise aux principes de la marche expérimentale, son état est devenu la preuve la plus frappante de la puissance de la véritable méthode pour l'amélioration générale des sciences; aussi, un des idéologues les plus distingués de l'époque actuelle en recommande-t-il l'étude de préférence à tout autre, pour se familiariser avec les procédés de la philosophie d'observation.

La cause de l'acidité et de la combinaison qui transforme les métaux en matière d'apparence terreuse, a principalement occupé les chimistes. C'est pour s'en rendre compte que Stahl imagina un être subtil appelé *phlogistique,* et qui, en entrant dans les corps ou en en sortant, produisait ces différents phénomènes. Cette hypothèse, étendue par de nombreux travaux, et surtout par ceux de Schelle et de Bergmann, avait acquis le plus grand crédit.

Cependant, les recherches sur les fluides élastiques firent sentir l'insuffisance de cette supposition arbitraire. Priestley, par des travaux immenses, obtint séparément les deux gaz qui constituent l'atmosphère, l'un respirable et l'autre impropre à entretenir la vie. L'illustre Lavoisier, d'un trait de génie, aperçut dans toute son étendue le rôle que jouait l'oxygène dans l'action moléculaire des corps, et, combinant cette idée avec les découvertes de Black sur la chaleur latente, il créa la théorie de la combustion. Alors on comprit que le phlogistique n'était qu'un être de raison. L'oxygène lui fut substitué, et, comme on le voit, c'est en mettant en pratique le plus important précepte de Bacon, qui veut qu'on n'admette pour principe qu'un phénomène bien observé, que fut fondée

cette admirable doctrine pneumatique dont la naissance et
l'adoption, à la fin du dernier siècle, est une des ères les plus
remarquables dans l'histoire des sciences.

A la même époque, Monge et Cavendish, chacun de leur
côté, reconnaissent l'oxygène et l'air inflammable pour les
deux éléments de l'eau. Berthollet indiquait la nature de ce
gaz singulier qui se forme dans la putréfaction des matières
animales, et le trouvait composé d'azote et d'hydrogène. En
même temps, il déterminait les véritables lois des affinités
qui n'avaient été qu'ébauchées par Geoffroy, Senac et Maquer,
et l'ouvrage où elles sont consignées est un modèle de
cette philosophie rigoureuse qui doit présider à l'étude des
causes.

De si grandes découvertes demandaient une réforme
complète dans la nomenclature de la chimie, qui se ressen-
tait du langage bizarre des alchimistes. Guyton de Morveau
eut le premier l'idée de lui donner un système entier de
dénomination dont chacune est une espèce de tableau abrégé
de la nature même de la substance indiquée.

Ce fut une application vraiment heureuse de ces principes
ingénieux des métaphysiciens modernes relatifs à l'influence
qu'exercent les signes sur la pensée, et dont on retrouve les
premiers germes dans l'analyse des différentes espèces
d'idoles tracée par Bacon en tête de la seconde partie de la
grande *rénovation*.

Cette langue, essentiellement philosophique, a popularisé
la chimie. Le nombre des investigateurs qui travaillent à la
perfectionner s'est beaucoup accru; leurs travaux récents
nous ont donné l'exemple d'un de ces emprunts que les
sciences se font entre elles avec tant d'avantage. L'application de la pile de Volta en a changé complètement la face.
L'eau, les acides, les sels sont ramenés à leurs éléments.
Entre les mains de John Davy, cet instrument augmente le

nombre des corps simples. Thénard et Gay-Lussac, perfectionnant ces essais, obtiennent des métaux dont les propriétés sont merveilleuses. Ils nagent à la surface de l'eau, ils la brûlent en s'emparant d'un de ses éléments, tant est grande leur avidité pour cette portion d'air vital dont on les a privés si difficilement. Enfin, on découvre que toutes les actions moléculaires sont accompagnées de phénomènes électriques, et Berzélius, approfondissant cette idée, remonte à la cause même des affinités qu'il voit dans les attractions et les répulsions électriques.

Au milieu de si grands prodiges opérés par la méthode expérimentale, l'histoire naturelle n'est pas restée stationnaire. Les directions ouvertes par le *Sylva sylvarum* ont été parcourues avec succès.

Linnée porta le premier de la précision et de la clarté dans la distinction des espèces. Il classa dans son système tous les êtres de la nature en considérant leurs caractères extérieurs, et l'exécution heureuse d'une si vaste entreprise lui acquit une autorité méritée parmi les naturalistes qui se glorifièrent d'être les continuateurs de ses immenses travaux. Toutefois, les principes qui servent actuellement de base à cette science ne sont plus les mêmes et reposent sur une notion plus approfondie des espèces. On cherche à distribuer les êtres en groupes tellement gradués, que l'on puisse embrasser d'un seul coup d'œil la nombreuse série des rapports établis par la nature même. Bernard Jussieu fonda, d'après ces idées, sa division des végétaux en famille. Elles sont généralement introduites dans toutes les branches de l'histoire naturelle, et la zoologie a pris un autre aspect par leur application.

C'est à l'anatomie comparée qu'elle doit ces perfectionnements. Ébauchée par Aristote, cette dernière science a jeté un vif éclat entre les mains des Camper, des Vic-d'Azir, des Cuvier, des Blainville et des Geoffroy Saint-Hilaire ; elle a fourni, pour la classification des animaux, des caractères puisés dans leur organisation intérieure, et a permis d'assigner à chacun le rang véritable qu'il occupe dans l'échelle des êtres. En même temps, elle jetait de précieuses lumières sur la physiologie, en montrant le problème de la vie réduit dans les êtres inférieurs à sa plus simple expression, c'est-à-dire à un mouvement par lequel ils attirent à eux les substances étrangères, se les assimilent pour un temps donné et les rejettent ensuite. Des rouages *nouveaux* venant s'ajouter à ce mécanisme à mesure qu'on s'élève vers des individus plus composés, l'observateur peut choisir facilement le degré de complication qu'il désire soumettre à son examen.

Quant à cette partie de l'étude des minéraux qui porte le nom de *géologie,* elle vient de subir une révolution complète due à l'influence de la méthode expérimentale. On l'avait d'abord étudiée sous le mode de suppositions abstraites. On voulut expliquer l'origine de la formation du globe. C'est dans ce sens qu'écrivirent Wodward, Burne, Wirton et tant d'autres; mais l'hypothèse de Buffon ayant excité l'intérêt général par l'éloquence et l'entraînement que chacun admirait dans son ouvrage, tous les naturalistes s'occupèrent de géologie; elle ne tarda pas à être soumise, comme les autres sciences, aux procédes rigoureux de la marche expérimentale : toutes les explications furent donc mises de côté pour recueillir exclusivement des faits et scruter les phénomènes sous tous les rapports. On observa les couches de la terre, leurs superpositions respectives, les matériaux qui les composent. Pallas, Saussure, Werner, Dalomer, Brognard, Humbold, exploitèrent diverses contrées, et parfout règne une activité singulière pour ces sortes de recherches auss curieuses que profitables à l'industrie. Certains sols ont été trouvés remplis de dépouilles animales dont un très grand nombre n'ont plus d'analogues parmi les êtres existants. Ces fossiles, dont Bacon avait entrevu l'importance, ont fait diviser les terrains en primitifs, qui sont totalement privés de corps organisés, et en secondaires, qui contiennent tous des restes de ces corps. On leur a appliqué ces beaux principes d'anatomie comparée, au moyen desquels on reconnaît un animal par une seule de ses parties isolées, à la vue d'une simple facette d'un os quelconque. On est parvenu à les reconstruire, à les classer et à déterminer avec exactitude leurs proportions, puis on a reconnu avec surprise qu'un grand nombre de races avaient été entièrement détruites dans les catastrophes qu'a éprouvées notre planète. Cette création antique, dont il n'existe plus que des débris osseux dans des bancs de substances pierreuses, différait des êtres qui peuplent actuellement la surface de la terre, et cette famille de mammifères à cuir dur et épais, à laquelle appartient l'éléphant, était alors beaucoup plus nombreuse en espèces que de nos jours.

De telles conséquences, aussi étonnantes que rigoureuses, en même temps qu'elles sont d'une immense utilité pour la théorie générale du globe terrestre, ont prouvé que l'analyse, dans sa marche lente, circonspecte et timide, peut arriver à des résultats qui saisissent l'imagination et excitent l'enthousiasme aussi fortement que les rêveries déréglées de la thèse la plus audacieuse.

Mais il est un principe d'action bien remarquable, qui anime l'ensemble des sciences dans les temps modernes, et qui sera surtout attentivement examiné par l'observateur philosophe ; il s'agit de la tendance universelle qui les porte à fournir des applications à tous les arts et à se mettre en quelque sorte au service de l'industrie.

Une telle direction a mis dans tout son jour la vérité de cette maxime, que ce qui est cause ou loi dans la contemplation, doit être considérée dans la pratique comme moyen pour produire un effet désiré.

Les sciences n'ont plus uniquement pour but de dévoiler les secrets de la nature; on les envisage en même temps comme fournissant à l'homme les plus puissants secours pour satisfaire ses besoins. Cet état de choses a donné aux savants de nouveaux rapports politiques et les a placés au premier rang des classes industrielles. Comme l'observe Jean-Baptiste Say, toute production demande le concours de trois espèces de personnes, en tête desquelles il faut ranger le savant qui fait connaître les propriétés des substances sur lesquelles on veut agir.

Toutes les connaissances humaines s'empressent de mettre les vérités qu'elles possèdent à la disposition des arts. Les théories les plus déliées, les agents les plus subtils, leur fournissent les données les plus importantes. Qui aurait jamais pensé que les découvertes de Volta indiqueraient des moyens pour empêcher le cuivre qui revêt les carènes de vaisseaux de se détruire par l'oxydation? L'étude de la force expansive du calorique conduit Newcomen et Watt à inventer et à perfectionner les machines à vapeur, qui sont la base de toute l'industrie anglaise. Vingt mille de ces instruments, sans cesse en activité, remplissent les fonctions que les esclaves exécutaient chez les Grecs et les Romains, et représentent pour ce pays un accroissement en population de deux millions d'individus.

Et qu'on ne croie pas que l'introduction des machines dans les arts manufacturiers soit la cause de la position critique de la Grande-Bretagne. Qui ne sent, au contraire, qu'il ne faut attribuer la misère des ouvriers qu'à l'énorme prépondérance de l'aristocratie? car, si la noblesse a conquis les libertés de ce pays, elle fait payer au peuple le bienfait de la charte, puisqu'elle s'est attribué tous les pouvoirs et

tous les avantages sociaux, et n'a laissé aux autres classes
que juste ce qu'il leur faut pour ne pas les mettre dans la
nécessité de se soulever.

Les arts n'auront atteint leur perfection que lorsque tous
leurs procédés seront des corollaires des théories scientifiques. De là, la nécessité pour un gouvernement qui veut
développer l'industrie d'un peuple, d'encourager toutes les
sciences. L'histoire le démontre invinciblement. Les Ptolémée, voulant faire fleurir le commerce de l'Egypte, appelè-
rent dans leur palais les savants de la Grèce, et Alexandrie
devint un centre de lumière. Colbert, dans l'intention de
jeter les fondements d'un vaste système manufacturier,
conseille à Louis XIV d'encourager les savants et de créer
l'académie des sciences. C'est encore à d'étroites connexions
entre les arts et les sciences qu'est dû l'essor de l'industrie
française du siècle présent. Et ce fut par les secours de cette
industrie que cette nation, dans la lutte qu'elle eut à soutenir pour son indépendance, trouva les moyens de battre
l'Europe entière.

L'impulsion générale que nous venons de signaler remonte
à Bacon. On le doit aux principes qu'il émet dans ses
ouvrages, et qu'il répète jusqu'à satiété, pour les mieux incul-
quer dans les esprits. Le but qu'il se propose, c'est de rendre
les sciences actives et pratiques. C'est par là qu'il veut qu'on
les distingue des spéculations stériles de la scolastique.
Lorsqu'il médite sur les progrès de l'industrie dirigée par
les sciences, il en voit découler le bien-être physique et
social de l'homme; son génie se livrant alors à l'enthousiasme, franchit tous les intermédiaires, et ses prévisions de
l'avenir ont quelque chose de prodigieux et de gigantesque.
Là, se trouve l'origine de ces belles théories sur la perfectibilité indéfinie du genre humain, germe des grandes pensées
et des actions généreuses.

Il serait sans doute facile de donner plus d'étendue à ce sommaire des progrès des sciences, puisqu'on pourrait démontrer que tous leurs mouvements, toutes leurs productions depuis qu'on les a assujéties aux lois dictées par Bacon et Descartes, ne sont que le résultat de la méthode expérimentale.

Cependant, c'est entouré du cortége de tant de merveilles qui lui doivent le jour, qu'une philosophie rivale prétend l'arrêter dans sa course triomphante, et ressusciter sur ses débris les procédés de l'ancienne synthèse.

Certaines contrées du Nord de l'Europe n'ont jamais adopté les sages maximes de l'analyse. Depuis la renaissance des lettres, la synthèse y a régné sans interruption; aussi, ont-elles abondé en penseurs très versés dans les questions les plus ardues de la vieille philosophie, et familiarisés avec ses formes décevantes. C'est dans ce pays qu'a brillé le célèbre Kant, qui réunissait à une imagination contagieuse une rare force de tête. L'habitude d'expliquer l'ensemble des choses par la vertu de quelques principes abstraits, le porta à rajeunir l'antique idéalisme, et ses compatriotes reçurent de lui un système de métaphysique dont les bases reposent sur des rêveries relatives à la manière dont nous concevons l'existence des choses hors de nous.

Voilà l'origine moderne de cette philosophie qui se décore du titre de transcendante, et semble vouloir se préparer à envahir le monde pensant. Elle croit avoir renouvelé l'esprit humain, et ne fait pas attention que l'homme, en se repliant sur lui-même et ne donnant pour aliment à son intelligence que ses propres idées, a depuis longtemps épuisé toutes les combinaisons possibles; aussi retrouve-t-on dans l'antiquité la plus reculée des opinions semblables.

Le célèbre publiciste Mackintosch, se faisant initier sur les bords du Gange aux mystères les plus secrets des Brames, a vu qu'un idéalisme grossier, qui ne différait que par les formes des systèmes enseignés dans les universités allemandes, était le fond de leurs doctrines.

Non seulement la nature des choses s'oppose à ce que la synthèse enfante rien de neuf, mais elle ne peut même donner aucune stabilité à ses productions. A peine Kant a-t-il publié ses théories, qu'on voit aussitôt se former des sectes particulières, qui reprennent ses idées à leur point de départ, s'enfoncent plus avant dans l'abîme qu'il a ouvert, et vont se perdre en définitive dans les folies du mysticisme.

L'expérience a donc confirmé que toutes les fois que les procédés synthétiques seraient remis en honneur, le spectacle que présente l'histoire de la métaphysique chez les Grecs et dans le Moyen Age reparaîtrait encore, et qu'on verrait de nouveau ces spéculations idéales tourner sur elles-mêmes dans un cercle indéfini, sans pouvoir faire un seul pas en avant.

Mais ce qui excitera surtout la surprise de l'investigateur qui connaît la marche sévère de l'expérience, c'est que cette philosophie n'a pas borné ses méditations, qu'elle appelle transcendantes, à la métaphysique; elle a envahi toutes les sciences naturelles, et entrepris d'expliquer l'ensemble des faits trouvés par l'observation à l'aide de principes rationnels; et les soumettant en quelque sorte au supplice de Procuste, elle les arrange sous la dépendance d'axiomes conçus *à priori*. C'est particulièrement dans les sciences physiologiques et médicales qu'elle a fait le plus d'applications. Elle considère les organisations individuelles comme les membres du grand tout, et les plie aux lois imaginées pour celui-ci. En anatomie comparée, on la voit toujours, par suite de cette même idée et sur des rapports mal démêlés, établir les analogies les plus téméraires entre certains points de structure des êtres les plus inférieurs de l'échelle animale, et les espèces appartenant aux premières classes des vertébrés. Toutefois, ce jeu trompeur finit par amener des résultats évidemment absurdes quand ceux qui font ces combinaisons ne connaissent pas d'avance l'état des sciences, ou bien quand ils croient avoir fait des découvertes. C'est ainsi que Wintrel, proposant une nouvelle chimie d'après ces données, prétend avoir trouvé des éléments nouveaux que Bertholet et d'autres chimistes ont cherchés vainement.

Aussi demeure-t-il hors de doute que ces systèmes, enfantés par la synthèse, n'ont produit par eux-mêmes aucune découverte réelle, et n'ont fait qu'entraver les progrès des sciences. Ils ne peuvent que combiner diversement, et même tronquer quelquefois les faits connus par d'autres procédés. Leurs sectateurs cependant ne cessent de faire des tentatives pour renverser la philosophie expérimentale, mais ces espérances sont chimériques; il n'est désormais au pouvoir d'aucune doctrine hypothétique, quelque ingénieuse et attrayante qu'elle soit, de soustraire les sciences à l'empire de la méthode baconnienne. Elle s'est identifiée trop intimement avec toutes les connaissances humaines, elle a fait prendre à leur ensemble des habitudes trop bien raisonnées, pour qu'on parvienne à la supplanter. C'est en vain que l'on s'efforce d'arrêter la marche de l'analyse; le lit qu'elle a creusé au cours des sciences est trop profond et trop large pour qu'on puisse les faire déborder; elles y coulent semblables à ces fleuves majestueux du Nouveau Monde, que le voyageur, étonné, prend pour des mers immenses.

Toutefois, depuis que des hommes distingués et à imagination ardente ont adopté ces hypothèses, on a réussi à introduire en France, contrée qui peut se dire à si bon droit la patrie de la clarté et de l'exactitude, un certain nombre de notions vagues et fausses, qui ont fini par jeter de l'obscurité sur quelques parties des sciences morales et politiques. Qu'on ne s'y trompe pas : ces opinions ne sont propres qu'à servir de défense à un ordre de choses, où la superstition joue le principal rôle. Elles ne pourront jamais servir de point d'appui à la civilisation actuelle; au contraire, elles la feraient plutôt rétrograder.

Leurs propagateurs semblent commencer à s'apercevoir qu'elles choquent les besoins de l'époque présente, et, pour parer à ces inconvénients, ils reconnaissent en apparence la méthode régnante. Si l'on consulte sur ce sujet un ouvrage nouveau, où le savant et habile traducteur de Platon cherche à donner une face nouvelle à l'ancienne doctrine de l'Académie, on le verra affirmer qu'il suivra la marche analytique. Mais à quelle méthode m'arrêterai-je, s'écrie-t-il? A celle qui est dans l'esprit du siècle, étudiée sérieusement et volontairement adoptée...... l'observation et l'expérience....... faites le tour de l'Europe, partout le même esprit, partout la même méthode....... C'est là qu'est réellement l'esprit du siècle, puisque cette unité se retrouve au sein des plus graves dissidences. Mais dans le cours de son ouvrage, ces idées si saines reçoivent les plus singulières modifications, puisque plus haut il ajoute : « Examinons-nous bien nous autres, Français du dix-neuvième siècle. L'esprit d'analyse a beaucoup détruit autour de nous; nés au milieu des ruines en tout genre, nous sentons le besoin de reconstruire. »

L'auteur va donc essayer de réédifier; mais procédera-t-il avec l'analyse? Il s'en faut bien. En mettant la main à l'œuvre, il nous dit : Les faits, voilà le point de départ, sinon la borne de la philosophie. Ici, il a totalement abandonné cette méthode, et bientôt après, faisant un appel en propres termes à la synthèse, il se perd dans les spéculations les plus audacieuses. Certes, il n'y a rien de commun entre la méthode expérimentale dont on se déclarait partisan tout à l'heure, et ces dernières maximes.

Il ne faut pas, observe l'auteur du *Novum organum*, imaginer gratuitement des explications ou des causes; mais on doit procéder méthodiquement à découvrir les opérations et les productions de la nature, « *neque fingendum aut excogitandum sed inveniendum quid natura faciat aut ferat.* » L'analyse ne dépasse jamais les faits, ce sont là ses limites imprescriptibles. Aussi, se déclare-t-elle impropre à reconstruire ces vastes édifices hypothétiques, qui eurent tant de vogue autrefois. Tous les principes qu'elle établit, sont des faits, des phénomènes incontestables. De là vient la longueur de sa marche, qui exige l'action lente des siècles. Elle n'oublie jamais que l'homme est condamné à vivre à la sueur de son front, et qu'il ne parvient à satisfaire ses besoins intellectuels ou physiques que par un travail pénible ou opiniâtre.

Le règne de la philosophie hypothétique sera éphémère; après qu'elle aura séduit quelques esprits, on l'abandonnera promptement, et l'attention générale se reportera sur la métaphysique, qui a suivi les sentiers tracés par Bacon. Combien sa manière de procéder est différente de celle de sa rivale! Elle commence par mettre de côté ces questions oiseuses, toutes ces causes que nous ne pouvons atteindre, et ne se considère que comme une faible partie de la physiologie. Ses recherches se dirigent exclusivement sur les facultés intellectuelles, l'origine et la formation des idées, le mécanisme des langues, et l'influence des signes sur la pensée. Après avoir scruté de la manière la plus scrupuleuse la nature de nos moyens de connaître, elle les applique à l'ensemble des sciences, et répand la plus vive clarté sur la marche à suivre dans leur création et leur exposition. C'est dans les ouvrages de Locke, de Condillac, de Bonnet, de Garat, de Destutt Tracy et de Laromiguière, que se trouvent les sources de cette philosophie qui a fait tant de bien, et qui peut opérer des améliorations plus vastes encore. Elle a perfectionné les livres didactiques, et rendu possible l'instruction des sourds-muets. Si l'on veut se faire une idée juste de sa haute importance, qu'on observe que cet homme, qui de nos jours épouvanta l'Europe, en établissant une domination gigantesque sur les débris dispersés de la liberté française, avait proscrit sa culture par tous les moyens possibles. Un instinct despotique l'avait averti de l'opposition inflexible qu'elle présenterait à l'espèce de pouvoir qu'il s'était attribué; il savait combien les principes de cette philosophie sont actifs pour disséminer les lumières réelles, et alimenter tous les sentiments généreux qui servent de base à la véritable sociabilité.

C'est une opinion presque universellement répandue, que l'analyse métaphysique est nuisible à la poésie, et que les poètes qui se livreraient aux études abstraites de cette science le feraient aux dépens de leur art. Comme cette idée est partagée par un grand nombre d'excellents esprits, il nous paraît important de la discuter, pour l'établir et la motiver si elle est fondée, ou la détruire dans le cas contraire. Et, d'abord, il faut se faire ces deux questions : Qu'est ce que la poésie? qu'est ce que l'analyse? L'une est une peinture animée et expressive des choses que l'on veut faire passer dans l'âme du lecteur; et l'analyse, l'examen approfondi et méthodique des diverses parties dont se composent les objets, et de leurs liaisons. Nous le demandons : peut-on peindre avec exactitude, sans une observation profonde qui n'est, en d'autres termes, qu'une analyse exacte? Cette question, posée de la sorte, rend sa solution évidente. Mais ce n'est pas ainsi que l'ont envisagée ceux qui la décident tout différemment. Comme ils savent que la poésie s'étaie principalement sur l'imagination, et que celle-ci semble un produit inné, ils ont été conduits à penser que l'application à l'analyse éteignait cette faculté inventive. On a même été jusqu'à prétendre que certains génies sublimes, comme Lafontaine, avaient montré un talent qu'ils ne devaient qu'à la nature, sans leur tenir compte des travaux qu'ils avaient faits pour briller d'un si vif éclat; voilà où conduit une doctrine erronée dès qu'elle est adoptée; ce sont ensuite les meilleurs esprits qui la poussent jusqu'à l'absurde, car ceux-là sont conséquents. Aussi, Lafontaine ne s'est-il plus appelé qu'un fablier, une machine à fable, car telle est la valeur de cette expression. Une telle allégation, aux yeux des personnes habituées à réfléchir, paraît aussi fausse que ridicule. En effet, autre chose est la prédestination à acquérir tel ou tel talent, autre chose de naître constitué de manière à produire naturellement, sans effort et sans travail, ce qui ne peut être que les résultats de diverses circonstances ou conditions. L'analyse sera donc une des principales études du poète. D'ailleurs, la civilisation, qui change en même temps l'état moral des peuples et leur situation politique, est arrivée à un tel point, que la littérature, sans chercher des formes nouvelles, semble cependant devoir suivre une autre carrière que celle où marchèrent les écrivains qui s'illustrèrent les premiers, lorsque la langue venait de se fixer; aussi croyons-nous, sans prétendre cependant émettre une doctrine décisive, que la poésie de nos temps éclairés doit tendre à exprimer les idées philosophiques dans des poëmes didactiques ou descriptifs, tels que Pope et Voltaire nous en offrent de si admirables modèles. Dans ces ouvrages, la poésie, s'appuyant tout à la fois sur la raison, en célébrant les conquêtes intellectuelles de l'homme, et sur l'imagination, en se servant d'images d'autant plus belles qu'elles seront plus exactes, ne serait plus accusée du défaut d'imagination, l'essor de l'écrivain ne saurait plus être arrêté par aucun obstacle; ses œuvres seraient vraies comme la raison, majestueuses comme la nature, et comme elle, brillante de fraîcheur et d'harmonie. L'histoire littéraire des sociétés modernes semble prouver la justesse de cette assertion, puisqu'elle nous les montre riches de productions qui ne le cèdent pas à celles de l'antiquité, et qu'elle ne nous présente pour poëmes épiques que deux ouvrages, célèbres à la vérité, mais l'un par des beautés partielles qui font pardonner l'incohérence de son ensemble, et l'autre par des beautés philosophiques qui le rangent au nombre des productions immortelles du génie, mais qui paraissent lui refuser le titre épique.

Les autres genres de littérature ont déjà subi l'influence de notre civilisation avancée. Voltaire et ses disciples en histoire, Hume et Robertson, sont les chefs d'une école historique généralement adoptée chez les peuples modernes. Hérodote et Tite-Live, véritables expressions des siècles antiques, ne conviendraient plus au nôtre. Il en est de même des autres branches de la littérature.

Il est donc démontré que c'est à l'application des préceptes de nos deux philosophes, relatifs à l'art de créer les sciences, qu'elles doivent leurs plus grands succès. Ces procédés d'investigation se sont eux-mêmes perfectionnés; car, comme le dit Bacon, il ne faut pas croire que la méthode soit, de sa nature, stationnaire, au contraire, elle fait des progrès en même temps que les découvertes dont elle est l'instrument se succèdent et s'accumulent.

Mais la seconde partie de la marche analytique, qui a rapport à la communication de la vérité, a-t-elle eu une destination aussi heureuse que la première? Ici, on est forcé d'avouer avec regret qu'il n'en a pas été de même. Les belles idées de Bacon, à cet égard, sont restées sans développement. En écrivant le *De dignitate et augmentis scientiarum,* il plaçait parmi les omissions à suppléer la méthode des inventeurs que, dans son style figuré et symbolique, il nomme *transmission de la lampe*. Aujourd'hui, on peut dire, à très peu de choses près, qu'elle se trouve dans le même état.

Depuis leur origine, toutes les sciences ont été rédigées synthétiquement. On y marche en aveugle, sans pouvoir en débrouiller ni l'esprit ni l'histoire. De là, les difficultés sans nombre pour pénétrer dans les secrets scientifiques; de là encore ces savants, qui sont plutôt possédés par la science qu'ils ne la possèdent eux-mêmes.

Ainsi, l'introduction, dans l'ensemble des sciences des vues de Bacon, qui ont rapport à la marche des inventeurs, reste à espérer en son entier. Il y a sur ce sujet éminemment philosophique une vaste et complète rénovation à tenter. On pourrait en prédire avec assurance les résultats avantageux pour l'avancement de la civilisation. Jamais entreprise ne fut plus conforme à la nature des choses et aux besoins du siècle présent; ne renferme-t-elle pas, en effet, les moyens les plus puissants à propager les sciences? On a observé que l'état de la sociabilité était toujours en rapport avec celui des lumières. Or, il s'en faut bien qu'il soit arrivé au point où les sciences elles-mêmes sont parvenues. C'est donc à répandre dans les masses les vérités connues que doivent s'occuper tous les esprits qui ont saisi la tendance de la véritable philosophie.

Mais que de difficultés ne présente pas un tel travail?

Le long usage de la synthèse a accumulé dans l'exposition des sciences autant de ténèbres que dans leur création. Tous les monuments analytiques sont perdus, ou du moins n'en existe-t-il que des débris épars et en petit nombre; on ne peut retrouver la voie suivie par l'inventeur qu'en s'aidant d'une connaissance profonde des sciences rédigées dans un sens inverse de la marche naturelle. C'est surtout dans leur histoire et dans l'esprit qui guidait l'idéologie moderne, lorsqu'elle retrouvait la route par laquelle l'entendement s'élève des sensations aux idées générales, qu'on puisera le secours le plus efficace pour retrouver au milieu du chaos le trait caché qu'indique le fil de l'invention. Mais ce n'est que par le concours d'un grand nombre de savants qu'on parviendra à l'exécution de ce magnifique plan.

Pour travailler à l'avancement des sciences naturelles, il faut se trouver dans ces lieux privilégiés où les gouvernements ont concentré les collections, les matériaux et tous les appareils dont l'accumulation nécessite des dépenses nationales.

Les Sociétés savantes, éloignées de ces centres, privées des moyens indispensables pour faire faire des progrès aux connaissances exactes, sont obligées de borner leurs occupations à se tenir au courant de ce qui se fait sur ces théâtres.

Une carrière bien autrement importante leur serait ouverte, si elles se vouaient à donner une nouvelle vie à l'ensemble des sciences par l'application de la méthode des inventeurs; car, en remplaçant la synthèse par l'analyse, on opérerait un changement aussi fécond dans la propagation de la vérité que celui qu'a produit la marche expérimentale dans l'investigation de la nature. Ce serait, pour elles, un moyen de rivaliser avec les Académies des capitales, et de se placer dans un rang bien supérieur à la tête de la civilisation.

On ne pourra populariser les théories des sciences politiques, et par conséquent leur donner le genre d'influence qu'elles sont appelées à exercer, que lorsque cette révolution se sera opérée.

En agissant ainsi, on fera de la raison humaine l'arbitre et le guide suprême de l'opinion publique.

Mais les progrès modernes de ces sciences ont épouvanté

tous les amis des formes barbares des gouvernements du Moyen Age. Une école politique, ayant à sa tête l'auteur des *Soirées de Saint-Pétersbourg*, s'est formée pour défendre ces opinions réactionnaires. Elle a hautement proclamé que l'analyse n'aurait pas dû s'introduire dans ce genre de connaissances faites pour rester cachées au vulgaire.

Mais ne sent-on pas que si les sciences politiques ne devaient être soumises qu'après toutes les autres à la marche de l'observation, leur tour arriverait nécessairement lorsque l'esprit humain aurait acquis l'assurance de l'infaillibilité de cette méthode?

C'est en vain qu'on accumule toute espèce d'obstacles pour s'opposer à cette application. Le seul moyen efficace eût été d'empêcher originairement de se servir de ce procédé logique dans les sciences naturelles.

D'ailleurs, ces sciences ont pris un essor qu'on ne saurait nier, et c'est d'elles surtout qu'on pourrait dire avec justesse qu'elles sont en marche et que rien ne saurait les arrêter. Si leurs progrès ont été rapides dans nos derniers temps, elles avaient été stationnaires dans l'Antiquité et le Moyen Age.

Cependant, ces époques reculées nous offrent de nombreux travaux en ce genre. Aristote, cet homme qui connut, embrassa et enseigna tout d'une manière si supérieure, est le premier philosophe qui en réduisit les principes sous la forme scientifique. Son maître Platon l'avait traitée dans un roman; mais ce n'était là que les rêveries et les souhaits d'un homme de bien. Après eux, Cicéron en discuta les propositions principales. Mais tous ces travaux s'éloignaient du but que leurs auteurs auraient dû se proposer : celui d'améliorer la condition humaine au moyen de l'exacte répartition de la justice et de l'équité sur tous les individus. Aussi n'exercèrent-ils aucune influence salutaire. Certaines spéculations auraient pu même perpétuer le malheur des hommes; car on avait été conduit, par une fausse logique, à proclamer équitable la domination d'un homme sur un autre homme, et à établir le droit de propriété sur les personnes et les biens d'un peuple conquis. Il est vrai que l'auteur du *Traité de la République* et Tacite avaient osé entrevoir un ordre de choses différent de ce qui avait existé jusqu'à eux. Ils semblaient deviner le gouvernement représentatif, mais ils ne voyaient pas assez loin pour connaître à fond cet admirable système; ils avaient été même plutôt conduits à cette idée par le dégoût que leur inspirait la condition malheureuse de leurs contemporains, que par une suite d'observations déduites philosophiquement et qui y amenèrent plus tard les peuples modernes. Aussi, le philanthrope de ces siècles vivait-il sans espérance de voir s'améliorer la destinée de ses semblables. De là, la vogue de la secte stoïque, qui compta encore plus d'adeptes durant la corruption de l'empire romain que dans sa prospérité. Ces âmes généreuses n'osaient espérer qu'on pût enchaîner la tyrannie. Elles se résignaient à leur mauvais sort et protestaient avec sangfroid contre la rigueur du destin. Tels étaient ces hommes, dont Épictète fut le type et le modèle. Cette philosophie honorait l'humanité, mais ne lui était guère utile, étant privée des consolations véritables et des secours puissants que le christianisme qui venait de naître procure à l'humanité. C'est à lui que nous devons l'abolition lente, mais complète, de l'esclavage en Europe et la destruction du despotisme romain.

Après l'écoulement de quelques siècles, la découverte de l'imprimerie et la pratique du jury rendirent toute bonne organisation sociale possible. Alors renaît la politique, qui, suivant l'impulsion donnée aux autres sciences par Bacon et Descartes, s'agrandit bientôt de notions nombreuses et certaines. On connut qu'elle n'était pas la science des ruses et des faux serments, qu'elle ne devait pas être l'école des tyrans, comme l'avait pensé le trop célèbre Machiavel; on sentit enfin qu'elle devait être la source du bonheur des sociétés. La direction étant donnée, d'heureux travaux avancèrent sa marche. L'Italie enseigna la philosophie de l'histoire; l'Angleterre, la théorie de la pondération des pouvoirs, théorie qui, dans cet heureux pays, n'était que la peinture de ce qui s'y passait. Montesquieu eut la gloire de la propager en Europe : l'*Esprit des Lois* fut regardé par l'Angleterre elle-même comme le code de la monarchie représentative.

L'analyse étudiant la production, la répartition et la consommation des richesses, crée dans le XVIIIᵉ siècle l'économie politique; et cette science a déjà opéré des changements très remarquables dans les mœurs des nations, puisqu'elle a rehaussé l'importance des classes industrielles, principale source de la pondération des États, et qu'elle semble appelée à délivrer à jamais les peuples du fléau des guerres et des conquêtes en forçant les gouvernements d'établir et de protéger les relations pacifiques du commerce.

Jean-Jacques Rousseau, Beccaria, Filangieri, Delolme, discutent les droits et les devoirs des sociétés et des gouvernements.

Un roi législateur ouvre dans l'Europe continentale l'ère de la marche constitutionnelle, et la France s'enorgueillit d'un pacte qui garantit ses libertés et lui attire les regards de tous les peuples, car ils voient en elle l'heureux modèle d'un système politique devenu l'objet de leurs vœux les plus chers.

Nous voici arrivés au terme de notre carrière. Elle a été longue, puisque nous avions à peindre l'état de la civilisation avant Bacon et Descartes, sous ces deux philosophes et après eux. Puissions-nous n'avoir pas été au-dessous de la grandeur de ce sujet et des regards de l'Académie! Puissions-nous avoir exposé quelques idées utiles au bonheur des hommes et au triomphe de la vérité!

Bordeaux. — C. Gounouilhou, imp. de l'Académie, rue Guiraude, 11.

ERRATA.

Page	ligne	au lieu de :	lisez :
1,	7,	corret,	*correct.*
8,	18,	Abbacides,	*Abbassides.*
9,	22,	Ocam, Scot,	*Occam, Scott.*
»	23,	Abeillard,	*Abélard.*
14,	14,	Destut de Tracy,	*Destutt de Tracy.*
»	18,	Laharpe,	*La Harpe.*
15,	33,	Ranniers,	*Banier.*
16,	28,	Dalembert,	*D'Alembert.*
21,	31,	Prothée,	*Protée.*
29,	10,	Toricelli,	*Torricelli.*
44,	20,	Marsenne,	*Mersenne.*
56,	20,	Huggens,	*Huyghens.*
58,	14,	Baraw,	*Barrow.*
60,	30,	Faradey,	*Faraday.*
61,	24,	Oested,	*OErstedt.*
»	31,	Wolaston,	*Wollaston.*
62,	19,	Schelle,	*Scheele.*
»	28,	Blacke,	*Blake.*
63,	10,	Maquer,	*Macquer.*
64,	26,	Bernard Jussieu	*Bernard de Jussieu.*
»	32,	Vic-d'Azir,	*Vicq-d'Azir.*
65,	19,	Wodward,	*Woodward.*
»	»	Burne,	*Burnet.*
»	»	Virton,	*Whiston.*
»	29,	Saussure,	*de Saussure.*
»	»	Dalomer,	*Dolomieu.*
		Brognard,	*Brongniart.*
		Humbold,	*de Humboldt.*
		exploitèrent,	*explorèrent.*
		Mackintosch,	*Mackintosh.*
		Bertholet,	*Berthollet.*
		Destutt Tracy,	*Destutt de Tracy.*
75,	2,	Lafontaine;	*La Fontaine.*

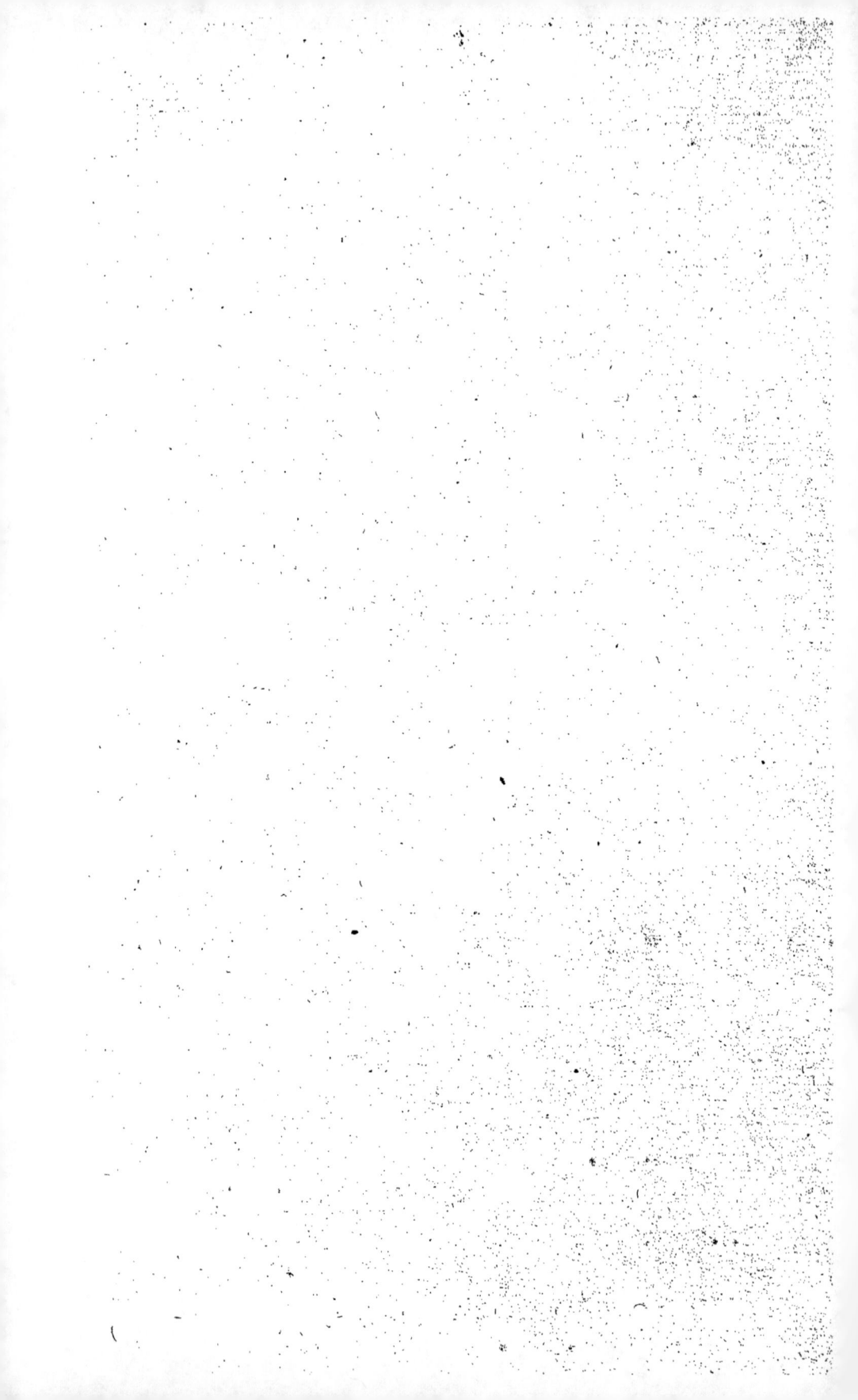

www.ingramcontent.com/pod-product-compliance
Lightning Source LLC
LaVergne TN
LVHW050613090426
835512LV00008B/1472